AF383344

Corwin Richter

Mehr Graben als Kampf

Eine kritische Betrachtung der Identitätspolitik

Bibliografische Information der Deutschen Nationalbibliothek: Die Deutsche Nationalbibliothek verzeichnet diese Publikation in der Deutschen Nationalbibliografie; detaillierte bibliografische Daten sind im Internet über dnb.dnb.de abrufbar.

© 2021 Corwin Richter

Herstellung und Verlag: BoD – Books on Demand, Norderstedt

ISBN: 9783754352335

INHALTSVERZEICHNIS

Stammeskämpfe und Universalität

Ein Kampf zwischen zwei gleichartigen, radikalen Stämmen und einer rationalen, neutralen, goldenen Mitte – das ist unser Alltagsverständnis des Politischen.

Auf der einen Seite stehen jene, die entweder Teil der Benachteiligten und Unterdrückten sind, oder jene, die für diese Sympathien haben und für sie einstehen wollen. Diese Seite nennen wir im allgemeinen die Linke und in bestimmten Kreisen ›Gutmenschen‹.

Auf der anderen Seite stehen die Unterdrückenden, oder jene, die wollen das die Unterdrückende mit dem profitieren vom Leid der anderen fortführen können. Da diese jedoch drastisch in der Unterzahl wären bilden sie gemeinsam mit Nativist_innen, religiösen Fundamentalist_innen und

Rechtslibertären eine gemeinsame politische Front. Diese Seite nennen wir im allgemeinen die Rechte.

Wenn ich behaupte mir sei Universalität wichtig mag man sich schnell die Frage stellen wie denn aus einem solch extremen Stammeskampf Universalität gewonnen werden kann? Bleibt nur die radikale Mitte übrig? Dieser Gedanke kann jedoch höchstens als Scherz gedacht werden; wenn die Wahl zwischen der Freiheit der Menschen und der Sklaverei steht, dann müsste die Mitte auf den Kompromiss von *etwas* Sklaverei und *etwas* Freiheit setzen und wie müsste ein Universum beschaffen sein, um diese Idee für Universalismus halten zu können?[1]

Wie soll dieser tribalistische Antagonismus in der Praxis aussehen? Welche Rolle spielt die

---

[1] Ich hoffe der Witz ist offensichtlich genug, aber selbstverständlich ist eine Wirtschaftsform die ihre Lohnsklaverei durch Massenmorde etablierte genau das was hier als Unding der Mitte beschrieben wird.

Universalität hier? Ein Beispiel liegt wohl in der Herangehensweise an die Wirtschaft. Hier evozieren die einen das Bild der Universalität um eine marginal höhere Besteuerung der Superreichen zu rechtfertigen, um darüber Sozialprogramme zu finanzieren, während die Gegenseite an Deregulierung, Austerität und Trickle-Down festhält; man müsse die Armen bestrafen und die Reichen belohnen, weil es sich sonst um eine partikularistische Freiheitsberaubung des Kapitals und seiner menschlichen Anhängsel handeln würde.

Beide Seiten sollen zu gleichen Mengen extrem und gefährlich sein und man soll in dem anderen Extrem landen, geht man zu weit in dem einen.

Es mag, wenn man es so aufdröselt, lächerlich klingen, jedoch sagen Talk-Shows, Umfragen, Debatten, das Feuilleton usw. nichts anderes als das.

Die Wahrnehmung eines Problems ist immer wichtiger als die darauf folgende Lösung, da die Lösungsmöglichkeit und -offenheit von der Art und Weise des Erkennens des Problems abhängt. Wer dieses tribalistische Framework annimmt steckt sofort in der konservativen Position fest. Indem man die explizite Äquivokation zwischen linker und rechter Politik akzeptiert begibt man sich sofort auf die rechte Seite, da nur für den Konservatismus Politik ein Kampf partikularer Stämme ist. Einen politischen Sieg zeichnet nicht die Wahl einer Partei oder einer einzelnen Person aus, sondern die Vorgabe unserer psychischen Investition in eine bestimmte Form des Umgangs mit der Politik selbst. Der Faschismus hat 1929 nicht gegen eine mögliche Militärdiktatur durch von Schleicher gewonnen, indem sie gewählt wurde, sondern indem eine Mikropolitik des faschistischen Begehren eine psychische Investition in die Nazi-Partei und damit in ihre Epistemologie evozieren konnte.[2]

Warum pochte wohl Marx so sehr auf Internationalismus? Der Grund dafür war und ist, dass Nationalismen jeder Art transnationale Klassen-Antagonismen verschleiern; in einem Zeitalter globalisierter Produktions- und Distributionsprozesse gilt dies so sehr wie noch nie zuvor.

Die Erkenntnistheorie mit der man an die Welt herangeht determiniert die Qualität und Quantität der Optionen die im Möglichkeitsfeld erscheinen können und gerade in unserer Zeit ist es jenes Möglichkeitsfeld welches durch den kapitalistischen Realismus vollkommen ausgehöhlt wird.[3]

---

[2] Félix Guattari führt dieses Beispiel in seinem Text »Everybody Wants To Be A Fascist« in seinem Buch *Chaosophy* weiter aus.

[3] Vgl. dazu Mark Fisher: »Capitalist Realism: Is There No Alternative?«

Wird der partikulare Kampf zum Kern der Politik, so wird das Individuum der Start- und Endpunkt der politischen Betrachtung. Dies alles würde jedoch bedeuten, dass die Universalität kategorisch aus dem Politischen und der Politik ausgeschlossen wird, denn das Feld der Genese eines Individuums würde in diesen nicht mehr existieren. Es wird einem Glauben gemacht, dass ein jedes Individuum in einem Vakuum als sein eigener Grund entsteht und persistiert. Universalität wird von daher als Angriff auf die Privilegien dieses Individuums missverstanden.

Der wahre politische Kampf, dass was Politik auszeichnet, ist kein Kampf zwischen Partikularien; es ist der Kampf der Partikularien gegen die Universalität. Das Partikulare und das Universelle befinden sich in einer dialektischen Beziehung, in der der Startpunkt der Bewegung alles entscheidend ist; überträgt man das Universelle auf das Partikulare, oder erhebt man das Partikulare auf die Ebene des Universellen.

Die haitianische Revolution ist hier ein gutes Beispiel. Sie sorgte dafür das die universellen Werte der französischen Revolution nicht einfach eurozentristische Werte blieben, indem sie diese nicht einfach imperialistisch aufgezwungen bekamen, sondern auf die selbe Art wie die französischen Revolutionäre entdeckten. Die führenden Personen der jeweiligen Revolutionen – Robespierre in Frankreich und Toussaint in Haiti – waren jedoch nicht in der Lage dazu Universalität zu erlangen; sie scheiterten letzten Endes beim Versuch. Wo der Versuch der Universalität scheitert folgt immer ein neuer Partikularismus.[4] Wo Robespierre die Befreiung der Sklaven und den Tod der Kolonien forderte, versuchte Napoleon die Sklaverei zurückzugewinnen. Sowohl Napoleon in

---

[4] Man kann hier auch an Walter Benjamins Worte denken, dass hinter jedem Faschismus eine gescheiterte Revolution steckt.

Frankreich, wie auch Dessalines – der Nachfolger Toussaints – in Haiti, erklärten sich beide zum König. Die Position des Königs kann niemals eine universalistische Position sein. Napoleon gab irgendwann seine Versuche auf, verlangte aber Reparaturen *von* den befreiten Sklav_innen und diese wurden bis 1940 an Frankreich gezahlt. Diese stehen repräsentativ für die Kosten die alle Unterdrückten und Benachteiligten zahlen müssen, wenn der Partikularismus gewinnt.

(Weltraum-)Flucht(-phantasie)

Wenn Rechte sich auf Universalität berufen, dann handelt es sich dabei um eine Universalität mit gekreuzten Fingern; sie gilt nur für jene die als Teil der Gesellschaft gesehen werden. Alle die Teil der Anteillosen – Teil des Proletariats – sind werden exkludiert. Wenn Konservative und Liberale beispielsweise von Freiheit sprechen, dann meinen sie die Freiheit derer die es sich leisten können, auf Kosten jener die zur Arbeit gezwungen werden. Zuletzt konnten wir dies in einer Aussage eines der reichsten Menschen auf dem Planeten, Jeff Bezos, hören, der nach seinem Flug ins All stolz erzählte wie Dankbar er allen Mitarbeiter_innen und Kund_innen wäre, schließlich hätten diese seinen kleinen Flug bezahlt. Seine Dankbarkeit muss ehrlich sein, immerhin versucht er mit allen Mitteln Gewerkschaften zu unterminieren, seine Arbeiter_innen so wenig wie möglich zu entlohnen, alle Konkurrenz mit allen Mitteln vom Markt zu verdrängen usw. Dieses Beispiel passt perfekt, weil es auf eine besorgniserregende Zukunft verweist, deren Spuren wir heute schon sehen. Nach seinem Flug ins All wiederholte Bezos exakt die Worte, die er vor seinem Flug bereits sprach, um seinen Plan für die Zukunft zu erklären: Bezos will alle Umweltverschmutzung ins All verlagern. Das mag für manche vielleicht nach einer netten Idee eines reichen Umweltschützers klingen, jedoch zeigt uns eine Serie die zufälligerweise auf Amazon-Prime läuft ganz genau was das bedeutet. In *The Expanse* hat die Menschheit sich bereits auf eine kleine Menge weiterer Planeten ausgebreitet. Dies und eine hohe Bevölkerungsmenge sorgte dafür, dass es zu einer Ressourcenknappheit kam, weshalb ressourcenreiche Objekte im All zu einem besonderen Interesse wurden. Die Folge der Umlenkung der Produktionskette ins All war folgende: Viele Menschen arbeiten im All unter grauenhaften Bedingungen und entwickeln ein melancholisches Verlangen nur ein mal wieder dazu in der Lage zu sein die saubere Luft der Erde zu atmen und in dem durch die Atmosphäre gefilterten Sonnenschein zu baden.

Zu dem Thema der Flucht ins All müsste man mit Nietzsche sagen:

Ich beschwöre euch, meine Brüder, bleibt der Erde treu
und glaubt Denen nicht, welche euch von überirdischen
Hoffnungen reden! Giftmischer sind es, ob sie es wissen
oder nicht.[5]

Nachdem Musk die Pläne seiner
Mars-Kolonisierung veröffentlichte fürchteten viele
eine Flucht der Superreichen ins All; die Furcht, die
dahinter steckt ist die des zurückgelassen werdens.
Das ist insofern furchterregend, da diese
Kapitalisten demnach sich nicht um das Klima der
Erde kümmern müssten, für deren Zerstörung sie
die größte Verantwortung tragen. Anstatt aber das
System welches diesen wenigen Menschen diese
große Macht gibt zu attackieren, will man sich
lieber die Gunst jener erschleichen. Dabei gibt es
für diese Fluchtphantasie keinen guten Grund. Das
Weltall ist ein grauenhafter Ort und niemand
würde freiwillig die Erde verlassen in der Hoffnung

---

[5] Friedrich Nietzsche, »Also sprach Zarathustra I-IV. Kritische
Studienausgabe«, S. 15

dort ein entspannteres Leben führen zu können. Nein, stattdessen wird der Klassenkampf interplanetarisch werden, indem darum gekämpft wird wer zu den Menschen zählen darf, die auf der sauberen Erde verweilen dürfen. Diese Fluchtphantasie ist nichts seltenes. Sie wird uns jedes mal aufgedrängt, wenn es um die Finanzen der Kapitalist_innen geht. Als der Mindestlohn zur Frage stand kam diese Fluchtphantasie häufig auf, doch die empirische Realität zeigt, dass es nach der Einführung des Mindestlohns keine Kapitalflucht gab; alle Ängste die vor der Einführung evoziert wurden sind letzten Endes enttäuscht worden und dennoch wird sich auf die selben verlassen, sobald es um eine höhere Besteuerung der Superreichen geht.

Während also bei Rechten (Konservativen und Liberalen) die Universalität nur ein rhetorisches Mittel der Rechtfertigung partikularer Politiken ist, haben wir es bei Linken mit partikularen

Interventionen im Namen der Universalität zu tun. Wenn Geflüchtete nicht die selbe Freiheit wie alle anderen genießen können, BPoC aufgrund externer Identitätsmarkierungen Diskriminierung erfahren, cis Frauen und trans Personen sich disproportional vor Gewalt und ungerechter Behandlung auf der Arbeit fürchten müssen uvm., dann handelt es sich zwar um Probleme die Partikular erscheinen, aber für das Universelle stehen.

Politische Epistemologie

Es geht bei jedem politischen Thema auch um Wissen. Aus diesem Grund braucht eine jede Politik eine entsprechende Epistemologie; beide lassen sich nicht einfach voneinander trennen. Eine rechte Epistemologie ist darauf ausgerichtet eine Intersektion von Partikularien in eine Pseudouniversalität zu formen. Dies gilt für sowohl den Konservatismus wie auch den Liberalismus, weshalb man sagen muss, dass sie auf dieser Ebene den selben Kampf kämpfen.

Universalität ist für beide lediglich ein nachträglicher Gedanke. Kollektivität wird somit a priori zu einer Gefahr und wird nur geduldet, wenn es sich dabei um ausgewählte, partikulare Kollektivitäten handelt (Nationalismus, religiöser Fundamentalismus, Blut und Boden usw.). Hier mag etwas Hobbes nachklingen, denn von diesem Standpunkt aus sieht man erst die einzelnen Individuen, sieht dann wie sie auf andere stoßen und danach mehr durch die Notwendigkeit als alles andere eine Gemeinschaft wider Willen formen.

Eine linke Politik ist auf Emanzipation aus. Demnach kommt das Universelle zuerst und aus diesem heraus wird das Partikulare generiert; das Partikulare kann nicht ohne die Intervention des Universellen entstehen.

Konservatismus ist Vulgärpositivismus - sie sehen nur, was ihnen gegeben wird und sind zufrieden damit. Während dessen ist eine linke Epistemologie auf Lücken und den Mangel gerichtet; die Anwesenheit der Abwesenheit wird hier zum bewegenden Motiv.

Man mag hier an Platons Unterscheidung zwischen *Meinungsliebhabern* und *Wissensliebhabenden* erinnert werden. Während Erstere liebend gerne über Partikulares nachdenken, sind Letztere mit den Prinzipien hinter dem Partikularen beschäftigt; es ist der Unterschied zwischen dem wertschätzen eines Gemäldes und dem wertschätzen der Schönheit selbst.

Es ist das was im physischen Objekt, im Empirischen, Abwesend ist, dessen Mangel auszeichnet, was die Universalität bildet. Dies ist die Unterscheidung von Rechts und Links in der Politik. Für viele stellt jedoch nicht Platon sondern Aristoteles den progressiven Nachfolger dar. Er verlegt das Universelle in die konkreten Dinge. Dies nimmt jedoch der platonischen Philosophie ihr universelles Zentrum, was Aristoteles in den Partikularismus und damit Konservatismus verschiebt. Während Platon eine Gesellschaft ohne Sklaven konzipiert, in der Frauen gleichberechtigt sind, fragt Aristoteles wer sich denn dann um den Haushalt kümmern soll.[6]

Wenn nicht Universalität sondern Identität die Politik auszeichnet, dann ist es verständlich, dass man zu tyrannischen, autoritären Maßnahmen greift um diese zu sichern. Der Staat hat hier nicht die Aufgabe eine Grundlage für freie und gleichberechtigte Individuen zu schaffen, sondern das Leben und die Besitztümer bestimmter Identitäten zu sichern.

---

[6] vgl. Aristotle, »Politics«, in: »The Complete Works of Aristotle«, ed. Jonathan Barnes, Princeton University Press, 1984

Exklusion der Inklusion

Ein Thema bei dem wir uns an einer Schnittstelle von Erkenntnistheorie und Seinslehre befinden mag auf den ersten Blick banal wirken und ist man in der Lage dazu die politische Realität die damit zusammenhängt vollkommen zu ignorieren, dann ist es das auch: Gendern. Unsere Sprache ist durchdrungen von einer Ausrichtung auf das Männliche. Da dadurch jedoch ein Großteil der Menschen durch das Gesagte nicht repräsentiert wird, was dazu führt, dass Herangehensweisen an Diskriminierung verzerrt werden, gibt es seit geraumer Zeit Versuche die Sprache zu ent-gendern. Diese Versuche der Sprache das phallische zu nehmen werden jedoch weitestgehend als das Gegenteilige gebrandmarkt; es wird von ›korrektem Gendern‹ gesprochen, wo man versucht das Gender als dominanten Faktor zu neutralisieren.

Diese Fehlwahrnehmung hat einen erkenntnistheoretischen Ursprung. Die Universalität, die das ent-gendern darstellt wird in ihrer Natur fehlverstanden. Universalität wird hier für das an einen Ort versammeln aller Partikularien gehalten, dabei könnte nichts ferner von der Wahrheit sein. Universalität ist nicht zu verstehen als die Summe aller Partikularien.

Wenn man versucht alle Partikularitäten zu versammeln, dann bleibt immer ein nicht-X übrig, in dem sich eine heterogene Masse an Ausgeschlossenem versammelt. Inklusion ist ein hervorragendes Beispiel. Wollen wir zum Beispiel in unseren Aussagen nicht nur Männer mit einschließen, dann sagen wir nicht mehr einfach ›er‹, sondern ›er oder sie‹. Dies schließt jedoch Personen (wie mich) aus, auf die sich weder die Pronomen ›er‹ noch ›sie‹ beziehen. Auch ›es‹ wird verwendet. Dieses aufzunehmen erweitert zwar die partikulare Inklusion, aber schließt dennoch Personen aus, die zum Beispiel Neopronomen wie ›ze‹ verwenden.

Das bedeutet nicht, dass man einfach sagen sollte es wäre zu kompliziert, einem zu viel oder zu umständlich und deshalb verwirft man die Inklusion lieber komplett. Hier begegnet man den absurdesten Ausreden; Ausreden wie: ›Wenn ich nicht ein Pronomen habe mit dem ich alle ansprechen kann, dann will ich das nicht‹ oder: ›Niemand darf selbst bestimmen, mit welchem Pronomen diejenige Person angesprochen werden wollen. Schon gar nicht diese erfundenen (Neopronomen)!‹.

Die Idee es würde neben der Gewohnheit einen essentiellen Unterschied zwischen *Pronomen* und *Neopronomen* geben halte ich aufgrund der Absurdität für äußerst unterhaltsam, wenn auch für traurig zugleich, weil einige stolz auf die Idee in der Natur wachsender Pronomen zu sein scheinen. Des Weiteren scheinen jene den Zweck von

Pronomen nicht zu verstehen, stehen sie doch für einen Namen. Würde ich jemanden sagen mein Name wäre Alexander, dann wäre es wohl für alle eine merkwürdige Reaktion würde dieser jemand erwidern: ›Nein, dein Name ist Laura‹.

Die Position des Universellen drückt sich beim ent-gendern durch ein Symbol der anwesenden Abwesenheit aus (das * oder _ beim gendern, das + bei LGBTQ+, in geschlechtsunspezifischen Begriffen wie Person usw.). Wenn man sich auf ein konkretes Individuum bezieht macht ein entsprechendes, individualisiertes Bezugssymbol wie ein spezifisches Pronomen Sinn, aber ein spezifisches Pronomen kann niemals die Universalität verkörpern.

Universalität entsteht, wenn man die eigene Identität nicht als Grundlage dafür sieht, wie man etwas weiß, sondern als Barriere für das, was man weiß und wie man handelt.

Politische Seinslehre

Um jedoch von dem theoretischen Hintergrund der – bei den meisten unbewusst – wirkt zum handeln zu gelangen braucht es noch einen weiteren Aspekt: Das *Was* des Erkannten.

Ontologie, auch Seinslehre genannt, ist nicht nur eine Betrachtung des Fundaments der Realität, sondern hat auch politische Implikationen, da das was wir als Realität betrachten den Rahmen dafür bietet, wie damit umzugehen ist. Wenn beispielsweise Homosexualität eine aktive Wahl einzelner Personen wäre, dann ist es für Rechte leichter Entscheidungen zu rechtfertigen, die auf die Auslöschung dieser hinarbeiten. Diese Frage bezieht sich auf ein Verhältnis von Person und Sexualität, genauer von Subjekt und Identität.

Ich bin nicht die erste Person, die eine Verbindung zwischen Ontologie und Politik festgestellt hat.

Stephen White nahm 2000 in *Sustaining Affirmation* bereits eine Untersuchung des Zusammenhangs vor. Die Konsequenz der Betrachtung jenes Zusammenhangs ist, dass postmetaphysische politische Theorien wie die Habermas', Rortys und Rawls, oder die Fluchtversuche vor der Metaphysik wie die von Lyotard und Derrida, instantan an Kredibilität einbüßen mussten. Im Kern der Betrachtung ist jedoch nicht nur eine Ontopolitik, sondern auch die Intensitäten, die die Richtung der Entfaltung der eigenen Ontopolitik bestimmen. *Begehren, Sein und Erkennen werden somit zu den Säulen der politischen Realität.*

Es lässt sich anhand der Fragen nach Konsistenz und Totalität ein zweidimensionales politisches Spektrum errichten. Eine rechte Politik kann keine Inkonsistenzen erlauben und kann auf diese entweder so reagieren, dass es versucht sie in die Totalität aufzunehmen und zu assimilieren, oder indem es sie vernichtet. Eine linke Politik kann Inkonsistenzen erlauben und benötigt keine Totalität, auch wenn sie durchaus dazu in der Lage ist zu totalisieren.

Das Identitätsgesetz ist ein gutes Beispiel für Ontopolitik. Während Ayn Rand auf die zwingende Notwendigkeit der Identität aller Dinge setzt unterminiert bereits dieses beharren auf mehreren Ebenen diesen Punkt. Zum einen müsste man nicht auf Identität insistieren, wenn sie ein Fakt des Seins wäre. Zum anderen sind die Worte mit denen sie ihre Bücher geschrieben hat ein ontologischer Gegenbeweis, da die geometrischen Figuren, die auf dem Papier erscheinen, gleichzeitig eine Bedeutung haben, die nicht mit der physischen Beschaffenheit jener Figuren identisch sind; anders gesagt: Das Identitätsgesetz bricht bereits da, wo ich einen Unterschied zwischen meinem Mittel des Bezeichnens (das Wort) und das Bezeichnete (der Gegenstand) mache.

Darauf folgt die rechtsautoritäre Reaktion eines Carl Schmitts, der sich dieser Wandelbarkeit bewusst ist und deshalb durch eine klare Trennung zwischen Feind und Freund Identitäten fixieren will.

Indes bestehen Deleuze und Guattari auf Differenzen ohne Identität; ein Ding ist nie einfach nur jenes Ding, sondern eine nicht-totalisierbare intensive Multiplizität.

Eine andere linke Ontopolitik die ihren Weg über Hegel geht sieht in der Identität bereits eine Selbst-Differenz. Es gibt immer einen Überschuss in einem Ding, der das Ding ausmacht, eine leere Form, ein transzendentes X. Dieses X heißt bei Lacan *objet petit a*. Dieser Überschuss ist unter anderem ein Produkt der Differenz von Bezeichnetem und Bezeichnendem.

Wenn wir über Dinge sprechen, dann sprechen wir nicht über die Dinge selbst - wir haben zu ihnen keinen direkten Zugang. Vielmehr sprechen wir über die Signifikanten, die sich auf die Dinge beziehen. Wir reden nicht über einen Apfel, sondern über einen ›Apfel‹. Da ein Zeichen immer nur innerhalb eines Zeichenfeldes eine Bedeutung erhält, reden auch nie nur über den ›Apfel‹, sondern auch gleichzeitig immer über ›das, was den Arzt fern hält‹. Das Subjekt der apperzeption, also das transparente Ego, das, Objekt-Subjekt, über welches die Sprache sprechen kann, entsteht durch die Entfremdung des Subjekts welche aus dem Eintritt in die Sprache und damit in die symbolische Ordnung entsteht. Dieses Zeichensystem ist das, was uns von anderen Lebewesen ohne ein äquivalentes System trennt: Der Mensch kann, wenn es hungrig ist, nicht einfach einen Apfel essen und ist dann befriedigt. Der Mensch will durch den Apfel etwas befriedigen was über den Apfel hinausgeht, den Surplus des Zeichens ›Apfel‹ konsumieren. Der empirische Apfel und der ›Apfel‹ ist für den Menschen nicht identisch. Der Apfel ist nicht länger nur die Summe seiner physischen Eigenschaften.

Vorarephilie

Diese Ontopolitik ist auch insofern wichtig, als dass sie den Umgang mit dem Anderen auf der libidinösen Ebene bestimmt. Es stellt sich heraus, dass eine politische Vorarephilie ein rechter Fetisch zu sein scheint.[7]

Vorarephilie bezeichnet eine sexuelle Präferenz, bei der das Fetischobjekt der Akt des Verschlingens oder verschlungen werdens ist. Dies lässt sich in diesen Kontext bringen, indem wir einen Blick auf die fünf möglichen Attitüden im Umgang mit dem Anderen blicken.

---

[7] Ich möchte hier explizit erwähnen, dass es rein um das Politische geht und nicht die umgekehrte Logik gilt, dass alle Voraphilen inhärent rechts wären.

Konservative können den Anderen konsumieren und auskotzen. Mit der Konsumtion ist ein Prozess gemeint, bei dem der Andere in den eigenen sozialen Körper aufgenommen wird - Integration. Dabei ist das Ziel den Anderen von allem was ihn anders macht zu befreien, ihn zu verstümmeln, soziokulturelle Gleichmacherei. Auskotzen ist die Konsequenz aus einer fehlgeschlagenen Integration; wenn ich den anderen nicht in meinen sozialen Körper aufnehmen kann, dann muss er wieder raus, dann wird er verstoßen und als Feind angesehen. *Liberale können tolerieren und zustimmen.* Toleranz ist das Aushalten der Differenz. Man ist nicht unbedingt begeistert vom Anderen und will ihn weder in seinen sozialen Körper einfügen noch ihn als Feind haben; er ist da und mehr soll bitte auch nicht passieren. Die Zustimmung richtet seinen Blick auf die Überschneidungen zwischen dem Liberalen und dem Anderen; man schaut was einen positiv verbinden kann, fokussiert sich komplett darauf und entfernt alle Antagonismen durch einen Schleier der Gemeinschaft aus dem eigenen Sichtfeld.

Für den Umgang des Konservativen gibt es den Anderen entweder nur insofern er sich mit einem identifiziert oder er ist verloren. Für den Umgang des Liberalen kann der Andere ruhig alleine gelassen werden, weil er früher oder später seine Unterlegenheit selbst anerkennen und sich anpassen wird. Wie kann ein Umgang mit dem Anderen von Links aussehen?

Die linke Antwort ist die des Universalismus: Das Subjekt stellt seine Identität durch den Anderen in Frage. Die eigene Identität ist eine Maske, aber auch ein Hindernis welches einem für die Gemeinschaft mit dem Anderen im Weg steht. Somit muss die eigene Identität in Frage gestellt werden - es ist in dem Sinne wie der autophage Prozess, der beim

Fasten eintritt, bei dem unter anderem defekte Proteine abgebaut und wiederverwertet werden.

Oft vermeiden wir es, uns mit unseren eigenen Vorurteilen zu konfrontieren, indem wir sie überdecken und jeden meiden, der sie entlarven könnte. Aber es ist nicht selten der Andere, der den Schlüssel zu unserer Entwicklung in der Hand hält. Nicht, indem er uns etwas präsentiert, das wir nicht kennen, sondern indem er uns etwas präsentiert, das wir kennen – vorausgesetzt es stimmt – und das wir uns weigern anzuerkennen. In dieser echten Begegnung mit dem Anderen beginnen unsere eigenen unsichtbaren Probleme aufzubrechen. Im Anderen werden wir an den Punkt gebracht, an dem wir uns fragen müssen, ob wir uns mit der Schattenseite unseres Handelns und Denkens konfrontieren können.

Das wir vor dem was wir eigentlich wissen gelegentlich fliehen kann durchaus eine schützende Handlung sein – ein Trauma im entscheidenden

Moment verdrängen zu können, weil das eigene Leben auf dem Spiel steht und Inaktivität den Tod bedeuten würde, ist eine solche Situation. Jedoch fliehen wir häufig im Alltag vor der Konfrontation; gerade auf Social Media kann man regelmäßig erleben, wie jemand sich misogyn, rassistisch oder transphob äußert und dafür kritisiert wird, obwohl die Person bei einigen Themen unterstützenswerte Ansichten vertritt. Weil sie sich selbst als eine der Guten sieht ist der Hinweis auf das was man eigentlich schon weiß - die Bewertung der eigenen Handlung als diskriminierend - während das eigene Selbstbild frei von diskriminierenden Elementen ist, ein Angriff auf die eigene Identität. Infolgedessen wirft man sich nur noch weiter in den Schlamm und versucht sich mit Ausreden von der Schuld zu befreien um eine saubere Identität behalten zu können, anstatt sich mit diesem überschätzen Selbstbild zu konfrontieren.

Ich will hier noch einmal betonen: Das Menschen so handeln ist normal. Aber nur weil es normal ist, ist es noch lange nicht gut und es ist wichtig sich dessen immer mal wieder aufs neue bewusst zu werden und sein eigenes Handeln und Denken mitsamt der Reaktion im Auge zu behalten, um sich sicher zu gehen, dass man nicht einfach ignorant gegenüber seiner eigenen Grausamkeit ist. Wir behaupten gerne offen zu sein für andere Positionen und lernen zu wollen. Aber diese Aussage muss immer wieder mit der Art und Weise wie wir denken und leben kontrastiert werden. Ansonsten kommt am Ende ein Boomer raus, der den Grund seiner libidinösen Frustration auf eine gerade erst achtzehn Jährige Klima-Aktivistin überträgt und der nicht verstehen kann, dass man ihn dafür kritisiert, weshalb es für ihn die letzte Option ist rechtsradikal zu werden. Man mag darüber scherzen, aber einige offenbaren ihre rechtsradikale Inklination aufgrund, wie sie sagen, der intoleranten Linken, doch diese ist sich zurecht keines Fehlers bewusst. Das sind die selben Leute, die einem Jordan Peterson zuhören, wie er mit Jung behauptet, dass das, was man im Anderen nicht mag, die Schatten der eigenen Eigenschaften sind, die man an sich selbst nicht ausstehen kann und der betont wie wichtig es ist, eben jenen Schatten zu integrieren. Jedoch sehen sie die Verbindung zwischen beidem nicht.

Subjekt und Identität

Ein wichtiger Unterschied den es zu beachten gilt und der Ursprung vielen Ärgernisses ist, ist der zwischen Subjekt und Identität.

Das Subjekt ist die Frage ›Wer bin ich?‹, während Identität die Antwort auf die Frage ›Was bin ich?‹ ist. Identität ist immer ein Komplex von Kategorien, Markierungen und so weiter, den man durch die symbolische Ordnung erhält.

Vom Standpunkt der Psychoanalyse aus braucht das ›Ich‹ immer ein ›Nicht-Ich‹ um sich konstituieren zu können. Das ›Ich‹ ist allerdings nicht einfach das Subjekt - es ist das transparente Ego, das Ding über das die Sprache spricht und somit nicht mit dem Subjekt identisch. Das Subjekt selbst ist die Lücke zwischen der Sprache – der Struktur des Unbewussten – die über das ›Ich‹ spricht und dem ›Ich‹. Hier haben wir es mit der bereits erwähnten Selbst-Differenz zu tun; das Subjekt entsteht aus dem Mangel der in dem Versuch einer Identifikation zwischen dem ›Ich‹ und dem ›Nicht-Ich‹ (der Sprache, des Unbewussten, der Struktur) entsteht. Das Subjekt ist eine leere Form, im kantischen Sinne.

Jedes ›Wir‹ einer Kollektividentität kann nur existieren, wenn es eine andere Kollektividentität gibt, der gegenüber die eigene Identität Exklusivität beanspruchen kann. Etwas Fremdes drängt sich somit in das Eigene, da die Identifizierung nur funktionieren kann, integriert man bestimmte Aspekte der Kollektividentität in seine eigene.

Die Soziologie zeigt uns, dass jede Identität immer zwei Problemen mit sich bringt: Zum einen kommt sie mit einem Kontinuitätsproblem und zum anderen mit einem Kohärenzproblem. Diese beschreiben zum einen das Problem der Narrativierung der eigenen Identität im Verlauf des Lebens (›Wie passt mein heutiges Handeln zu meiner vergangenen Identität?‹) und zum anderen die Vermittlung von Anpassung und Widerstand (›Wie sehr kann man sich der eigenen Identität widersetzen bevor es unaushaltbar wird?‹).

Ich würde jedoch sagen, dass diese Probleme nichts sind was aus der internen Struktur der Identität, sondern aus dem Widerspruch von Subjekt und Identität generiert werden. Während Rechte gerne ihr Subjekt in der Identität aufheben, erlebt man auf Seiten der Linken einen Kampf gegen die Einschränkungen die die Identität dem Subjekt aufzwingen will; Widersprüche in der Narrativierung tauchen nur deshalb auf, weil man Identität und Subjekt ineinander Fallen lassen will - die Narrativierung der Identität durch das Subjekt enthält ansonsten keine Punkte für Widersprüche, da die Identität keine Essenz enthält und deshalb notwendigerweise immer – heißt: niemals – mit der Kontinuität bricht.

Emanzipatorische Identitätspolitik?

Bisher haben wir eine Untersuchung zur Universalität im Verhältnis zu einer reaktionären Identitätspolitik hergestellt. Nun wird jedoch von einigen Stimmen behauptet es würde sich bei Identitätspolitik um ein linkes Phänomen handeln. Das diese Ansicht häufig unter einem vollständigen Missverstehen der Universalität entsteht sollte inzwischen etabliert sein. Dennoch wird das Thema Identität regelmäßig von Links aufgebracht und auch der Begriff der Identitätspolitik findet seinen Ursprung in einer linken Bewegung, selbst wenn die Form der Politik die ich und viele andere darunter verstehen bereits im Konservatismus eines Edmund Burkes existiert hat. Aus diesem Grund möchte ich mich nun mit Versuchen einer linken Identitätspolitik auseinandersetzen, die Punkte hervorheben die ich schätze und letzten Endes auf ihre Grenzen hinweisen. Derweil werde ich jedoch auch einige Kritiken linker Denker_innen kritisieren, die, indem sie glauben sich gegen eine tyrannische Identitätspolitik zu stellen, nichts anderes machen als der eigenen Bewegung zu Schaden und rechtsradikale mit Kredibilität zu füttern, da diese nun sagen können ›schaut mal, diese Linken sagen das selber!‹ – selbstverständlich sollte man seine Ansichten niemals alleine nach diesem Kriterium aussuchen, jedoch gibt es Situationen, wie diese, in denen man durch das Ignorieren des Kontextes in dem man sich äußert nichts bewirkt außer den Schaden zu vergrößern.

Postmoderner Konservatismus

Einst handelte es sich beim Konservatismus um eine politische Ideologie die für ein rigides Wertesystem stand, den Status Quo erhalten und zugleich zu einer christlich-feudalen Utopie zurückkehren wollte. Was ist nur aus dieser Politik in den letzten Jahrzehnten geworden? Wo man sich einst gegen den Kapitalismus stellte, weil dieser Traditionen auflöste und somit für eine ›moralische Degeneration‹ verantwortlich war, stehen die Konservativen unserer Zeit auf Seiten des Kapitalismus. Sie haben auch jedweden intellektuellen Anspruch verloren. Dadurch deckt der Konservatismus im Rahmen der postmodernen Kultur seinen ideologischen Kern auf: Die Identitätspolitik.

Der einstige Konservatismus war antikapitalistisch. Das mag auf den ersten Blick eine schockierende Aussage sein, kennt man nur den gegenwärtigen Konservatismus. Man sollte jedoch nie vergessen, dass der Kapitalismus (und der Neoliberalismus) auch progressive Funktionen hat: Er löst alles tradierte früher oder später auf. Stabilität und Stillstand sind sein größter Feind; Kapital muss immer fließen. Und das Kapital kann am besten fließen, wenn die Fluidität ein zentrales Element der Gesellschaft ist. Deshalb kann er gleichzeitig die Produktion von sowohl kirchlichen Fan-Artikeln wie christlichen Rock wie auch satanistische Musik zulassen. Er ist moralisch per se weder gut noch böse, da er die Form und nicht den Inhalt bildet. Aus diesem Grund (und weil sie in alte gesellschaftliche Verhältnisse wie die Sklaverei zurück wollten und wollen) beschwerten sich Konservative über den Kapitalismus und seine ›moralische Degeneration‹.

Mit dem Aufkommen des Neoliberalismus hat sich hier jedoch einiges geändert. ›Cancel Culture‹, eine heute unter Konservativen beliebte Phantasie, ging funktionell von Konservativen aus, die Konzerte, Kleidungsstile und vieles weitere per Gesetz und öffentlicher Ächtung verbieten wollten. Es ist heute zwar nicht anders, denkt man nur daran, dass der CDU-Chef Hamburgs, Christoph Ploß, per Gesetz das gendern (gemeint: das ent-gendern) verbieten möchte.[8]

Der Konservatismus wurde vom Neoliberalismus absorbiert und war von dem Punkt an vollkommen auf Seiten des unregulierten Kapitalismus. Da ihm nun jedoch der Feind fehlte, der für die ›moralische Degeneration‹ verantwortlich war brauchte es einen neuen Feind. Der Kapitalismus konnte es nicht sein, weil man auf Seiten des Kapitalismus war. Demnach muss es jemand sein, der hinter dem Kapitalismus steht: Die linke Elite, die heimlich alles beherrscht und die gesamte Kulturindustrie übernommen hat. Als Beweis dafür, dass die Linksradikalen längst an der Macht waren, selbst wenn Konservative regierten, sollten die

---

[8]siehe das Interview mit Kevin Hagen »CDU-Politiker Ploß will Genderverbot« (zuletzt aufgerufen am 28.05.2021): https://www.spiegel.de/politik/deutschland/cdu-christoph-ploss-w ill-gender-verbot-im-wahlprogramm-der-union-a-8f4c03ed-9ff8-4b b2-aac8-cf356ae07c50?sara_ecid=soci_upd_j5FMWycn2aPum0F4 COc40xUTUfLybp

Regenbogenflaggen auf Verpackungen und Werbeplakaten dienen.

Der gegenwärtige Modus des Konservatismus ist ein paranoider. Grund dafür ist die Auflösung des Symbolischen. Diese ist ein allgemeines Phänomen in der postmodernen Kultur.[9] Aus der postmodernen Kultur und dem neoliberalen Konservatismus ist eine neue politische Einheit geworden, die momentan droht die Welt mit ihren verdrehten Ideen weiter ins Chaos und in die

---

[9] Vgl. Fredric Jameson: »Postmodernism: Or, the Cultural Logic of Late Capitalism«

Hoffnungslosigkeit zu stürzen.[10] Aber, wer oder was ist dieses neue Ding?

----

[10] Hier ließe sich für den Grund der Genese dieser Situation eine interessante Unterscheidung zwischen der Politik Nordamerikas und Kanadas als Beispiel heranziehen. Es sollte allen klar sein, dass Trump ein Identitäts-Präsident war - manche würden hier auch von Kulten sprechen, aber das fände ich der Geschichte des Begriffs gegenüber nicht fair. Das Symbolische ist entwertet und es braucht einen Helden (Jesse Lee Peterson nannte Trump »Great, White Hope«), der das Symbolische wiederbeleben kann. Diese Dynamik stärkt auch Bewegungen wie QAnon. Im Gegensatz dazu hat man in Kanada keinen Proto-Faschisten, sondern, mit Justin Trudeau, einen ganz gewöhnlichen, Genozid relativierenden und unterstützenden Neoliberalen. Dass das Amt als Amt in Kanada anders geschätzt wird könnte man auf die Existenz der Monarchie beziehen. Diese bietet ein symbolisches Mittel um diesen Aufwertungsmoment als Steppunkt totalisiert. Ich will damit nicht sagen, dass ich für die Monarchie bin. Ich will damit sagen, dass, wenn man Kapitalismus, Neoliberalismus und repräsentative Minimaldemokratie will, dann braucht man etwas, dass den Wertverlust des Symbolischen reduziert und da hat man neben Faschismus und Monarchie keine große Auswahl - heißt, entweder man ist gegen den politisch-ökonomischen Status Quo oder für eines der beiden.

In seinem Buch *What Is Post-Modern Conservatism: Essays on Our Hugely Tremendous Times* arbeitet Matthew McManus fünf Kernelemente des postmodernen Konservatismus heraus: (1) Eine Ablehnung rationaler Standards der Interpretation von Fakten und Werten; (2) Der Appell an eine einst mächtige Identität als Quelle der Wahrheit und ein Opfernarrativ, welches die Rückkehr der alten Hierarchie verlangt; (3) Eine widersprüchliche und reaktionäre politische Ideologie; (4) Antagonisierung neuer Medien und ihrer Trends, trotz gleichzeitiger utilisieren dieser für die eigenen politischen Interessen; (5) Sobald sie an der Macht sind attackieren sie alle Identitäten die nicht den von ihnen präferierten entsprechen.

Ihre Erkenntnistheorie ist auf das reduziert, was Frankfurt *Bullshit* nannte: Sie lügen nicht, da die Lüge ein Wissen um die Wahrheit impliziert.

Mit Nicola Gess lässt sich hier von der *Halbwahrheit* sprechen: Die Halbwahrheit befindet sich in einem diskursiven Raum, in welchem alleine die narrative Kohärenz oder Konsensfähigkeit – und nicht die Wahrheit oder Unwahrheit – über die Validität einer Tatsachenaussage entscheidet.

> Halbwahrheiten sind Äußerungen, die nur zu einem Teil auf tatsächlichen Ereignissen, zum anderen aber auf fiktiven Inhalten basieren; Äußerungen, die reale Sachverhalte übertreiben, umdeuten oder in falsche Zusammenhänge stellen; oder auch Äußerungen, die wesentliche Informationen weglassen.[11]

Man sollte jedoch aufpassen, dass man bei dieser kritischen Analyse und ihrer implizierten positivistischen Kritik des Primats der Faktizität nicht in eine vorkantsche Epistemologie zurückfällt.

---

[11] Nicola Gess: »Halbwahrheiten. Zur Manipulation von Wirklichkeit«, S. 8

In Gess' Erkenntnistheorie hätte die Seite der Wahrheit einen unvermittelten Zugang zum Realen haben sollen. Da unser Zugang zum Realen – symbolisiert als Realität – immer vermittelt ist und diese Vermittlung auf unserem phantasmatischen Rahmen beruht, beinhaltet jede Tatsachenaussage notwendigerweise einen fiktiven Teil; es ist nicht nur ein koinzidenzieller sondern ein konstitutiver Teil. Wenn Gess ein jedes reflexives Wahrheitssystem mit Rechtspopulismus in Verbindung bringt, stellt sich die Frage was dann noch übrig bleiben soll? Sind die Linken dann jene, die die gegebene Ordnung akzeptieren und reproduzieren wollen? Alles andere wurde schließlich unter Rechtspopulismus subsumiert. Wie generiert man denn eine Wahrheit aus dem Vakuum?

Nichtsdestotrotz ist die negative Kritik korrekt: Der postmoderne Konservatismus handelt nur mit Halbwahrheiten. Gerade über soziale Netzwerke verbreiten sich diese Halbwahrheiten besonders gut, da die Antwort auf sie nur aus einer Komplexitätserhöhung der Form ›Ja, aber...‹ bestehen kann, wovon letzten Endes nur das ›Ja‹ als Bestätigung der Halbwahrheit gelesen wird. Es ist die Mischung aus Wahrheit und Falschheit, die das Widerlegen aufgrund mangelndem Detaillinteresse so sehr erschwert.

> Der Begriff der Halbwahrheit impliziert sowohl das Festhalten an als auch die Diffusion einer klaren Unterscheidung von »wahr« und »falsch«. Mit ihm lässt sich sowohl ein bestimmter Typus von Falschaussagen treffend bezeichnen als auch ein diffuser Gesamteindruck vermitteln, dass eine Behauptung nicht gänzlich unwahr sei. All das macht ihn aber auch schwierig zu definieren, gehört es doch zum Kern von Halbwahrheiten, sich ihrer genauen Festlegung zu entziehen.[12]

---

[12] Nicola Gess: »Halbwahrheiten. Zur Manipulation von Wirklichkeit«, S. 13

Die Halbwahrheit hat die selbe narrative Form wie ein Gerücht, mit dem signifikanten Unterschied, dass die Halbwahrheit sich auf eine Wahrheit beziehen muss. Sie setzt auf Glaubwürdigkeit und muss somit nur geglaubt und nicht für wahr gehalten werden. Mit politischen Anekdoten teilen Halbwahrheiten ihren Anspruch eines impliziten Erklärungsmodells mitsamt einer gewissen Kürze der Präsentation; sie stellen über die politische Anekdote eine Korrespondenz mit der erfahrbaren Realität zur Verfügung und der fiktive Anteil stellt die Kohärenz mit dem politischen Narrativ her. Sie erhalten ihren überzeugenden Charakter dadurch, dass wir als Menschen Kausalität und Ereignisse über die Narrativierung verstehen, wodurch die Glaubwürdigkeit uns bereits intrinsisch als bevorzugtes Bewertungskriterium gegeben ist.

Der Begriff *Prosumer* (Produzent_in + Konsument_in) spielt im Kontext der Urheberschaft eine wichtige Rolle. Die Person die zuerst die Halbwahrheit äußert erschafft damit einen Imaginationsraum, in dem alle die damit interagieren sowohl ihren eigenen Touch mit einbringen, Fiktionen hinzufügen, wie auch weiterreichen; somit entfernt sich die erste Halbwahrheit immer selbst aus ihrem Kontext und die Person die sie geäußert hat verliert für die Produkte dieses Imaginationsraums jedwede Verantwortung.[13] Es geht um eine doppelte

---

[13] Diese Situation erinnert interessanter Weise an eine Geschichte aus dem Talmud, in der sich zwei Rabbiner in einem theologischen Streit befinden, woraufhin einer Gott beschwört um Zeuge seines Arguments zu werden. Gott stimmt dem Rabbiner zu, woraufhin der andere jedoch erwidert es wäre egal was Gott sagt, schließlich habe er auf dem Berg Sinai selbst etabliert dass man der Mehrheit folgen solle. Daraufhin gesteht Gott ein von seinen Kindern geschlagen worden zu sein und zieht von dannen. Diese Geschichte etabliert den Tod Gottes im Judentum; das Wort ist in der heiligen Schrift bereits geschrieben und selbst Gott ist nun nichts anderes als ein weiterer Interpretator unter vielen. Auf diese Situation übertragen müsste es heißen, dass die Wahrheit sich geschlagen geben muss, da ihre Kinder lieber das demokratische Halbe bevorzugen.

Teilnahme: Die Prosumer sollen in den Imaginationsprozess eingebunden werden und die sprechende Instanz nimmt die Rolle der Repräsentation jenes Kollektivs ein (›Ich habe das aber anders gehört‹).

Die antagonistische Dimension der postmodernen konservativen Identitäten besteht in der Angst, von inklusiven Politiken und Bewegungen angegriffen zu werden, die die monolithische Hierarchie mit ihren bevorzugten Identitäten an der Spitze dieser Hierarchie ablösen wollen. Dieser innergesellschaftliche Angriff wird noch schlimmer, denn er erschwert die Verteidigung gegen das Andere der Nation (meist der Islam oder China). Diese antagonisierten Identitäten sind gleichzeitig sowohl allgegenwärtig und mächtig wie auch schwach und klein. Performativ hassen sie deshalb Identitätspolitik und Viktimisierungsnarrative, bauen aber ihre Politik darauf auf und berufen sich auf (veraltete)

Wissenschaft, wenn sie ihre Identität und ihren damit zusammenhängenden Machtanspruch legitimieren; sie verwerfen die Wissenschaft, wenn sie diesen Zweck nicht erfüllt.

Genuss der Unterwerfung

Jedes Subjekt braucht eine Identität um an der symbolischen Ordnung teilzuhaben, aber man sollte dies nicht damit verwechseln, dass man sein Dasein auf der Grundlage seiner gegebenen Identität begründet. Das ist Identitätspolitik.

Adorno bemerkte in einem Sentenz: »Bedingung der Freiheit, ist Identität unmittelbar zugleich das Prinzip des Determinismus.«[14]

Erfasst und kritisiert wurde der letzte Teil von einigen Autor_innen der Linken - beispielsweise

---

[14] Theodor W. Adorno: »Negative Dialektik«, S. 216

von Marx (historischer Materialismus), Althusser (Interpellation), Foucault (Generative Institutionen), Butler (Diskursive Geschlechtlichkeit), Jullien (Nichtexistenz kultureller Identitäten) – aber dabei sollte nicht vergessen werden, wie es Francois Jullien in *Es gibt keine kulturelle Identität* passiert ist, dass es reale Folgen für die imaginär-symbolischen Identitäten gibt und es deshalb nicht ausreicht sie als irreal nachzuweisen. Der erste Teil des Sentenz wird unter anderem von Gilles Deleuze, Michel Foucault und Judith Butler wiederum mitbedacht, weshalb sie keine rein negative Kritik hervorbringen. Es geht darum sowohl die Unterdrückungsmechanismen der Identität anzuerkennen, wie auch die Identität als imaginär-symbolische Kategorie zur Befreiung nutzen zu können.

Wir genießen unsere Identität durch Exklusivität. Wenn eine andere Identität leidet, genießen wir dieses Leiden. Dabei entsteht ein Paradoxon, denn wir können unsere Identität nur haben, wenn andere Menschen eine andere Identität haben, was bedeutet: *Die Zerstörung des Anderen ist einerseits etwas, das wir genießen, und andererseits etwas, das uns das Gefühl gibt, unser identitäres >Wir< würde verlieren.*

Identität ist die Fixierung und Naturalisierung der kulturellen, psychologischen und sozialen Partikularien, in die man hineingeboren wird. Sie sollen einem den Platz in der sozialen Ordnung, die Rolle im Kreislauf der Kommunikation, die Zuordnung und den Wert im Tausch der Symbole garantieren, dabei tötet sie das Subjekt und versucht es durch das Gegebene zu ersetzen.

Die Verwechslung von Identität und Subjekt sorgt für die Unfähigkeit mit dem Phänomen umzugehen, dass in der Psychoanalyse Kastration genannt wird. Kastration ist für die Psychoanalyse (nach Lacan) die Conditio Humana. Der Prozess der Sozialisierung ist die Verwandlung einer unorganisierten Maschinerie körperlicher Funktionen in ein zivilisiertes Wesen. Dieser Prozess produziert jedoch einen fundamentalen Mangel, denn das Subjekt wird in eine Welt der Bedeutung, in eine symbolische Ordnung, geworfen, die das Subjekt nicht gestaltet hat. Der Genese des Subjekts liegt demnach die Entfremdung zugrunde. Die gesamte Kindheit ist durchzogen von Fehlschlägen - ›Was heißt das? Warum soll ich das tun?‹. Das Kind kann nicht hinter die Symbole blicken und hat keine Kontrolle über das Universum in das es geworfen wurde. Dieses Gefühl inadäquat zu sein verabschiedet sich nicht sondern mutiert und verfolgt einen ins Erwachsenenalter. Jeder Mangel bringt den Wunsch befriedigt zu werden mit sich. Somit folgt auf den Mangel das Begehren. Aus diesem Grund hängen wir an Bildern und Phantasien, die uns ein geschlossenes System vermitteltn, die Ganzheit darstellen.

Identität wird als innere Landkarte verwendet, anhand derer wir uns in der Welt orientieren. Dabei ist diese Karte lediglich ein kleiner Teil einer Karte für die Navigation in der symbolischen Ordnung und nicht in der Welt; somit kann sie nur die Lösung für eine einzige Frage sein: Für wen werde ich gehalten? Für mehr taugt sie nicht. Dennoch wird sie als Orakel heraufbeschworen, brauchen wir eine Antwort auf die Fragen, die durch unser Dasein uns entgegen geworfen werden. Es lohnt sich zu diesem Thema Franco ›Bifo‹ Berardi extensiv zu zitieren:

In ihrem Buch Lösungen. Zur Theorie und Praxis menschlichen Wandels (1974) schreiben die Psychoanalytiker Watzlawick, Weakland und Fisch, dass die wiederholte Anwendung ein und derselben Lösung auf verschiedenste Problemstellungen eine neurotische Vorgehensweise sei, die zu pathologischen Zuständen führe. Im Zusammenhang mit der weltweiten

Deterritorialisierungs-Reterritorialisierungsdynamik unserer Zeit erweist sich ein solcher Neurotizismus als tragende Komponente der derzeitigen Weltordnung. Einerseits ist der Bedarf nach einer flexiblen Adaption begrifflicher und linguistischer Landkarten durch die Globalisierung und die Beschleunigung des kulturellen und ökonomischen Tauschwesens nur noch dringender geworden. Zugleich jedoch verstärkt die Deterritorialisierung infolge der Globalisierung paradoxerweise das Bedürfnis nach einem identitären Obdach und nach Bestätigung der eigenen Zugehörigkeit. Hier verbirgt sich die identitäre Falle, die die Welt zu einer Proliferation der verschiedensten Formen identitärer Aggression führt: die Rückkehr von Begriffen wie Heimatland, Religion und Familie als aggressive Formen der Selbstvergewisserung und Selbstbestätigung.

Wir können diese Dynamik auch als technologische und ethnologische Mutation lesen. Einerseits führt die Informationstechnologie zu einer Beschleunigung und Intensivierung des semiotischen Tauschwesens. Andererseits haben die massenhafte Vertreibung ganzer Bevölkerungsgruppen sowie gigantische, ökonomisch und politisch motivierte Migrationswellen die ethnischen Landschaften der Territorien auf nie zuvor gesehene Weise verändert, samt aller dabei auftretenden kulturellen Kontaminationen und Vermischungen. Unter Wettbewerbsbedingungen tendieren solche Entwicklungen dazu, den Bedarf nach identitärer Zugehörigkeit zu steigern und einer identitären Aggressivität Platz zu machen.[15]

Ergänzend muss hier noch Suely Rolnik hinzugefügt werden:

Die subjektive Erfahrung neigt dazu, sich ausschließlich in den Grenzen seines aktuellen Terrains und der dazugehörigen Kartographie zu bewegen und diese dadurch zu verdinglichen. Die Erfahrung des Widerspruchs zwischen der gängigen Kartographie auf der einen und den neuen Affekten, den Effekten der lebendigen Gegenwart des Anderen im eigenen Körper auf der anderen Seite, wird dadurch negiert und unterdrückt. Der Grund für das Gefühl des Sinnverlusts und die Verwunderung, die dieser Prozess erzeugt, geraten dabei in Vergessenheit. Infolgedessen werden die Schöpfungs- und Handlungsvermögen, die eigentlich durch die Erfahrung des Verlusts des Referenzrahmens

---

[15] Franco ›Bifo‹ Berardi: »Helden. Über Massenmord und Suizid«, S. 149 - 150

mobilisiert werden, von den Affekten losgelöst, von jenen Zeichen die der Entzifferung bedürfen – und einer Erfindung, die in der Lage ist, sie zu verwirklichen. Derart verlieren diese Vermögen ihre kritische Kraft in Bezug auf die aktuellen Orientierungen. Dieser Verlust öffnet das Feld für das Gefühl eines verräumlichten, von der Welt und der Zeitlichkeit getrennten Selbst, das als geschlossen und stabil vorgestellt wird – daher auch die Vorstellung eines »Individuums«, mit seiner angeblichen Innerlichkeit. Mit dieser vom Prinzip der Identität beherrschten Subjektivität verbreitet sich eine Taubheit gegenüber dem Anderen [...].[16]

Sind ›Gender Reveal Parties‹ die Waldbrände hervorbringen nicht eines von vielen Beispielen, die die brutale und zugleich alltägliche Natur rigider Identitätssysteme perfekt darstellen?
Im Umgang mit Geschlechtlichkeit gibt es drei Positionen die man einnehmen kann: Die ersten beiden sind darum bemüht eine strikte Binarität zu rechtfertigen; ein mal über fragwürdige

---

[16] Suely Rolnik: »Zombie Anthropophagie. Zur neoliberalen Subjektivität«, S. 28 - 30

Pop-Wissenschaft und ein anderes mal über religiösen Glauben. Die dritte Option liegt in der Veränderung des momentanen Verständnisses von Geschlechtlichkeit zum Wohle aller. Hat man bis zu diesem Punkt aufmerksam mitgelesen wird es kein Wunder mehr sein, dass kaum jemand sich für letzteres entscheidet, auch wenn es sich dabei um die einzig richtige Haltung handelt. Stereotype über Männer und Frauen werden über eine populärwissenschaftliche Evolutionspsychologie naturalisiert, welche die Grundlage für Self-Help und andere Bücher ähnlicher Art sind. Dabei wird vollkommen ignoriert, dass wir in einer komplexen Gesellschaft leben und diese populärwissenschaftlichen Texte nur die Stereotypen unserer Gesellschaft in die Natur projizieren.[17]

Selbst Liberale, die anerkennen und dafür werben, dass alle Menschen Individuen sind, mit einer

---

[17] Für mehr dazu siehe Mari Ruti: »The Age of Scientific Sexism«

eigenen Psychologie, eigenen Emotionen, eigenen sexuellen Präferenzen und die Stereotype für reduktiv halten, treten vehement für geschlechtliche Stereotype ein.

Die Obsession mit der binären Geschlechtlichkeit ist eine von vielen Formen, in der sich ein kaltherziger, neoliberaler Pragmatismus entfaltet: Die binäre Geschlechtlichkeit mit all ihren einengenden Stereotypen erleichtert Beziehungen, da sie uns Formeln mitgibt an die wir glauben können und aufgrund derer wir die Komplexität der Intersubjektivität vollkommen ignorieren können. Dieser grausame Optimismus führt zwar wieder zu Leid, weil die Formeln eben nicht ausreichen für eine gesunde zwischenmenschliche Beziehung, aber dann schiebt man das Problem auf die Personen, die nicht in die Boxen passen, anstatt die Boxen los zu werden. Menschen bringen ihre exzentrischen Aspekte, ihre Motivationen, ihre Traumata und alles andere mit sich, aber das wäre kompliziert und anstrengend – um sich nicht mit dem Menschen auseinandersetzen zu müssen reduziert man die Person auf eine Strichliste.

Die steigende Menge an Menschen die sich aus alten Beziehungsstrukturen begeben und mit neuen Identitäten und Formen der zwischenmenschlichen Interaktion und Beziehung experimentieren ist hier ein hoffnungsvoller Schimmer am identitären Horizont, jedoch sind wir hier fernab einer rechten Politik und diese beherrscht immer noch die allermeisten Institutionen auf dem gesamten Planeten.[18]

---

[18] Mehr dazu siehe: Carolin Wiedemann: »Zart und frei: Vom Sturz des Patriarchats«

Vom Genuss der Unterwerfung zum subversiven Masochismus

Der Verweis auf die Genese der Identität durch eine einschneidende Distinktion zwischen Freund und Feind erinnert nicht ohne Grund an Carl Schmitts Begriff des Politischen.[19] Es ist des Weiteren sicherlich nicht verwunderlich, wenn ich darauf verweise, dass es diesen zu überwinden gilt.

In der Linken scheint man sich hierbei nicht vollkommen einig zu sein. Die maoistische

[19] Interessant hierbei ist die Unterscheidung von Freund und Feind im Bezug auf Hegel im Kontext einer Ideologietheorie. Auch wenn Hegel keine Ideologietheorie expliziert hat, ist es bekannt, dass Hegel den Begriff kannte und mit hinblick auf sein Œvre lässt sich herauskristallisieren, dass der eigene Umgang mit Kontradiktion im Kern seiner Ideologietheorie liegt: Das Errichten von Oppositionen verschleiert Kontradiktionen und gibt einem einen externen Feind, was für das Subjekt deutlich angenehmer ist, als die Beschäftigung mit dem Fehlschlag der Selbst-Identität, die allen Thesen inhärent ist. Deshalb ist die Darstellung der Dialektik Hegels als eine Reihe von These und Antithese - als Strategie der rhetorischen Externalisierung der Opposition - auch abzulehnen.

Schlussfolgerung der RAF – dass es eine klare Trennung zwischen ›uns‹ und ›dem Feind‹ benötigt – muss mit dem axiomatischen Dezisionismus »der Zwei« Lenins hinter uns gelassen werden.

Der Grund dafür liegt nicht in einem Antisemitismus, der vermeintlich in die Struktur dieses Konstruktes eingebaut ist (ansonsten wäre Sprache an sich und somit alles antisemitisch), sondern darin, dass unsere Opposition nicht auf ein konkretes Subjekt bezogen ist. Unsere Opposition richtet sich gegen ein feindliches Umfeld welches uns neutralisieren will.[20]

Ein Orientierungspunkt dazu wie die Opposition zu organisieren ist, ist eine Politik der Differenz, insofern man ihr den (neo-)liberalen Anteil austreibt. Aber eine Frage der Organisation erzeugt immer die Frage danach wie man die Menschen überhaupt dazu bekommt sich politisch zu

---

[20] Vgl. dazu Tiqqun, »Einführung in den Bürgerkrieg«

engagieren. Von der Frage nach dem Begehren kommt man zu der nach dem Bewusstsein: Wenn man nicht weiß was einem fehlt oder wo es einem mangelt, kann kein konzentriertes Begehren entstehen. Eine der Gruppen die hier häufig kritisiert werden sind die Journalist_innen und die Intellektuellen (was nicht notwendigerweise das selbe ist). Sie sind verpflichtet zu informieren, sie sind die erste Instanz die eine Bewegung in Gang setzen kann. Baudrillard verwics jedoch zu recht darauf, dass diese Personengruppe häufig das Gegenteilige bewirkt.

Am 17 Juni 1972 brachen fünf Männer in ein Gebäude mit dem Namen *Watergate* in Washington DC ein. In den darauffolgenden zwei Jahren versuchte die Nixon-Administration alles was in ihrer Macht stand, um Nixons Beteiligung zu verschleiern. Neben dem Versuch die Demokraten in Watergate zu verwanzen gab es noch weitere Vorfälle: Von einem Plan einen liberalen Think Tank Namens *The Brookings* mit einer Brandbombe zunichte zu machen, bis hin zu illegalen Überfällen auf Personen, die mit der Veröffentlichung der *Pentagon Papers* zusammenhingen. Die anschließende Untersuchung bewegte Nixon dazu zurückzutreten. Die Medien zeigten sich entsetzt und berichteten von einer unerwarteten Korruption sondergleichen im Weißen Haus.

Als Gerald Ford als 38er Präsident antrat, sprach er von einer Rückkehr zur präsidentiellen Normalität. Baudrillard intervenierte an dieser Stelle und wendete ein, dass der Skandal nicht in der Handlung Nixens lag und man danach zu einem Normal zurückkehren könne, sondern, dass der wahre Skandal darin besteht, dass aufgedeckt wurde, das Staat und Kapital frei von jeder Moral und skrupellos handeln würden und man nach dieser Enthüllung meinen könnte wieder in den vorherigen Zustand zurück zu können. Die

Journalisten, die in die Enthüllung des Watergate-Skandals verwickelt waren galten für dieses System als Versicherung, da man durch sie so tun konnte, als wenn alles in Ordnung wäre, wodurch der wahre Skandal nur verschleiert und vertuscht wird.

Selbiges erlebten wir vor kurzem mit Trump und seinem Nachfolger Biden. Die Journalist_innen, die über beide berichteten, sind alles andere als die Krieger_innen der Wahrheit, für die sie sich selbst gerne halten. Sie spielen ihre kleine Schlacht der Fakten mit geringem realen Effekt und helfen dabei proaktiv die Tatsache zu verschleiern, dass das wohin sie zurück wollten dasjenige war, was ihnen einen Trump erst eingebracht hat; sie sind keine Krieger_innen der Wahrheit sondern Akolyth_innen der Illusion, die sich ihrer Klasse nicht bewusst sind.

Die Kreation von Krieger_innen der Wahrheit als Spektakel erzeugt nichts anderes als Sadismus mit narzisstischen Effekten, die neues Futter für das Spektakel bieten - es ist ein Nullsummenspiel, in dem nichts passiert, außer das die Namen zirkulieren. Zum Theater des Sadismus gehört der Märtyrer. Diesen findet man in Form der_des Faschist_in und in Form der_des Aktivist_in.

Die Opfergabe von Fleisch und Blut ist geblendet von der Vorstellung einer Ökonomie der Repräsentation wie es sie nicht gibt. Sie halten Leben für eine knappe Kommodität mit daraus resultierendem hohen Wert, den sie gegen etwas austauschen zu können meinen – wie der ›nette Typ‹ der seine Nettigkeit als eine Kommodität mit der gleichen Knappheit wie Sex, den er als Gegenleistung beansprucht, betrachtet.

Die masochistische Haltung hingegen operiert über eine Ökonomie des Terrors. Masochismus operiert unter der Formel: *Intimität + Distanz = Lust durch Erschütterung aller Beteiligten.*

Die masochistische Szene beginnt mit Anziehung (es erregt, provoziert und baut Antizipation auf), nur um die Konklusion zurückzuziehen, zu frustrieren, ›in den Wahnsinn zu treiben‹.[21]

Im Gegensatz zu dieser Verführung ist die vermeintliche Subversion postmoderner Kulturprodukte wie *American Psycho, Fight Club* oder die Romane und Gedichte Bukowskis nicht subversiv. Man müsste sogar sagen, dass sie ihren Inhalt banalisieren, womit sie über die Banalisierung zu der Aufnahme der Transgression in das Modell der Kulturindustrie sorgen.

Artaud's theater shows us how to proceed by way of delirium. It cuts into desire, rearranging investments and builds a new will to power. Strategically, we are interested in the cruel desires of masochism. Instead of the usual focus on deviants, who rub their exceptional

---

[21] Hier könnte man auch von der Schizophrenisierung der Institutionen als Revolution im Sinne Deleuzes und Guattaris denken.

filthiness in the face of prudes, we approach desire as communists speaking to what is truly common among the masses.[22]

Es braucht eine Bartleby-Politik, die auf die Anforderung des Anderen die Antwort verweigert. Anstatt in der Position der Opposition für eine andere Identität zu kämpfen sollte man die identitäre Positionierung im Politischen verneinen und die universelle Position des Mangels einnehmen. Es ist selbige Opposition wie die die Deleuze und Guattari zwischen dem Organismus und dem organlosen Körper setzen:

Den Organmaschinen setzt der organlose Körper seine glatte, straffe und opake Oberfläche entgegen, den verbundenen, vereinigten und wieder abgeschnittenen Strömen sein undifferenziertes, amorphes Fließen. Den phonetisch aufgebauten Worten setzt er Seufzer und Schreie, ungegliederte Blöcke, entgegen.[23]

---

[22] Andrew Culp, »Hostis 1«, S. 18
[23] Gilles Deleuze und Félix Guattari, »Anti-Ödipus«, S. 15

Das bedeutet nicht, dass man keine Identität haben kann oder sollte - etwas, das bei Themen wie Gender Abolition häufig falsch verstanden wird. Wie man selbst empfindet und womit man sich identifiziert muss unabhängig vom politischen Kampf betrachtet werden. Ich stelle mich beispielsweise nicht gegen das Heteropatriarchat weil ich weder heterosexuell bin noch mich mit meiner bei der Geburt zugewiesenen Geschlechtsidentität identifiziere. Ich bin gegen das Heteropatriarchat, weil es eine partikularistische Politik verkörpert, die auf individueller wie systemischer Ebene allen Menschen die nicht in einer phallischen Position sind auf die eine oder andere Weise bis hin zum Tod schadet, weil sie Universalität verunmöglicht.

Der Ursprung der Identitätspolitik

Identitätspolitik hat es an sich zwar schon vorher gegeben, aber der Begriff wurde zum ersten mal programmatisch vom *Combahee River Collective* 1977 geprägt. Das Kollektiv, bestehend aus schwarzen, lesbischen Frauen und sah sich in dem Kampf für den weißen, heterosexuellen Industriearbeiter nicht repräsentiert. Sie erlebten andere und weitere Formen der Ausbeutung und Diskriminierung die aufgrund eines verengten Blickwinkels auf unterschiedliche Lebensrealitäten im Klassenkampf verdrängt wurden.

Was man sich dabei bewusst machen sollte, ist, dass es nicht um individuelle Identitäten geht sondern um das Kollektive. Bei der Identität handelt es sich um eine Ansammlung von sozialpolitischen Markierungen anhand derer eine Gesellschaft organisiert wird. Der Rassismus hat beispielsweise erst das Konzept der Rasse in die Welt gebracht um die Gesellschaft zu ordnen, erst durch Stände und schließlich durch biologisierte, akzidentelle Differenzen. Ohne dass das Individuum also eine Wahl hat wird es als ein_e Repräsentant_in eines der ihr zugewiesenen Identität entsprechenden Kollektivs angesprochen und entsprechend behandelt. Der_die einzelne Jüd_in der_die vergast wurde, die einzelne *Hexe* die verbrannt wurde, die_der einzelne Schwarze_r der_die versklavt wurde, die_der einzelne Queere der_die zwangskastriert oder hingerichtet wurde, erfuhr dieses Leid nicht aufgrund individuellen Versagens oder schlechten persönlichen Entscheidungen. Sie alle mussten Leiden, weil sie als Verkörperung einer kollektiven Identität gesehen, angesprochen und behandelt wurden. Das selbe gilt für die heutigen Erfahrungen von Diskriminierung. Wenn die Bestrafung kollektiv ist, warum sollte sich dann nicht auch kollektiv gewehrt werden; warum sollte man keine kollektive Solidarität errichten? Dies war der Ausgangspunkt des Combahee River Collectives.

Die Identitätspolitik kann von diesem Punkt aus in zwei Richtungen verlaufen: Affirmation oder Ablehnung. Die Bemühungen der Affirmation sind darauf ausgerichtet das Bild der Identität zu verändern. Frauen sind nicht länger ›das schwache Geschlecht‹ sondern Girlbosse, aus dem (aus der Zeit der Hexenverfolgung stammenden) Schimpfwort ›Schwuchtel‹ wird Gay Pride usw. Die Affirmation hat den Vorteil, dass es für jene denen diese Identität zugewiesen wird (und jene, die sich mit diesen Markierungen identifizieren) leichter wird zu (über-)leben: Steigende Akzeptanz führt zu geringerer individueller Diskriminierung. Jedoch sind systematische Veränderungen über reine Affirmation schwer zu gewinnen. Des Weiteren bringt die Affirmation das Problem der Essentialisierung mit sich. Die Gefahr der Essentialisierung besteht darin, dass bestimmte charakterliche oder körperliche Akzidenzen als Essenz der Identität gesetzt und somit künstlich Wesensunterschiede und normative Hierarchien erzeugt werden, die dazu dienen andere ohne realen Grund abzuwerten. Sich der unterschiedlichen Intersektionen verschiedener Unterdrückungsmechanismen bewusst seiend setzte das Combahee River Collective auf die Gemeinsamkeiten der Verschiedenen Identitäten in ihrer Unterdrückung.

Es wird derweil behauptet, dass der Kampf für (ethnische, geschlechtliche, sexuelle) Minderheiten im Widerspruch zu einem Kampf gegen die kapitalistische Ausbeutung stehen würde. So wird beispielsweise Hillary Clintons Niederlage gegen Trump damit begründet, dass sie mit Frauen- und Homosexuellenrechten die Identitätspolitik bedienen wollte. Die Kritik wird von Rechten, Liberalen, wie auch manchen Linken geteilt. Sie ist jedoch vollkommen deplatziert und erlaubt es dem rechten Framing des Diskurses freien Lauf zu lassen. In Wahrheit wüssten selbst halbwegs intelligente Maoist_innen, dass gelegentlich ein Nebenwiderspruch den Platz des Hauptwiderspruchs einnehmen muss, wenn die Spannungen jener den Kampf gegen den Primären verhindern. Wenn beispielsweise alle BPoCs und trans Personen getötet oder ins Gefängnis gesteckt werden, wenn durch konservative Propaganda und liberale Toleranz diese Kämpfe gegen Minderheiten organisiert und gestattet werden, dann stehen diese offensichtlicherweise dem Kampf aller gegen den Hauptwiderspruch im Wege.

Nimmt man beispielsweise den Wahlkampf in den USA so wird Trumps Wahl häufig als Reaktion – als Rache an ›der Identitätspolitik‹ – gesehen. Diese Annahme setzt jedoch voraus, dass Rassismus in Reaktion auf ›Identitätspolitik‹ entstanden ist und nicht umgekehrt, was besonders im Fall der USA die durch Sklaverei in ihrer heutigen Form erst entstehen konnte kaum lächerlicher sein könnte. Diese Umkehrung zu akzeptieren bedeutet sich auf das diskursive Feld der Rechtsradikalen, die alles Übel auf Seiten einer linken, geheimen Organisation die im Hintergrund alles steuert, einzulassen – dies ist schließlich die einzige Option, da die Linken weder in Amerika noch in Deutschland die Institutionen besetzen. >Identitätspolitik< ist eine Reaktion auf verschiedene Formen der Diskriminierung; das diese Formen der Diskriminierung durch die Existenz der >Identitätspolitik< nicht plötzlich von heute auf morgen verschwinden, sondern persistieren und sich wehren, das sollte bei weitem keine schockierende Erkenntnis sein.

Die Idee es würde einen Widerspruch zwischen ökonomischer und soziokultureller Politik geben wird auch von einigen linken Intellektuellen hochgehalten. Darunter fallen Richard Rorty,

Zygmunt Baumann, Slavoj Žižek oder auch Nancy Fraser. Fraser zufolge sind die Wahl Trumps, der Brexit und ähnliche Ereignisse bei denen die Rechten dominieren das Ergebnis eines neoliberalen Progressivismus, der die Wirtschaftsfrage für die der Anerkennung kultureller Differenzen – Identitätspolitik – aufgegeben hat.[24] Dabei vergisst Fraser nicht nur, dass Rassismus, Sexismus, Homofeindlichkeit, Transfeindlichkeit usw. Beweggründe für eine Wahl sein können. Sie erzeugt zusätzlich eine klare Trennung zwischen Ökonomie, dem Sozialen und dem Kulturellen, die nicht haltbar ist. Auch wenn sich durchaus die Sprache emanzipatorischer Bewegungen in eine neoliberale Logik einbinden lassen kann, hat das nichts mit den Bewegungen zu tun; gerade diese Bewegungen, wie Black-Lives-Matter zum Beispiel, sind sich der

---

[24] Vgl. Nancy Fraser, »The Old is Dying and the New Cannot Be Born«

Zusammenhänge zwischen Ökonomie, dem Sozialen und der Kultur bewusst und setzen auf eine multidimensionale Veränderung. Ein eindimensionaler Kulturkampf findet von Seiten der Linken nicht statt.

Man sollte sich jedoch Fragen warum für all diese Personen, wie auch hierzulande für Sahra Wagenknecht und ihre Gefolgschaft, die weißen Arbeiter ein Ding der Ökonomie sind und alle die weder weiß noch cis männlich sind komplett getrennt von der Ökonomie als Objekte eines reinen Kulturkampfes betrachtet werden? Liegt das Problem des Scheiterns nicht eher hier, in der Verweigerung sich um jemand anderen als den weißen Arbeiter kümmern zu wollen, während man sich in einer Zeit befindet, in der sich viele der Vielzahl an Unterdrückungsmechanismen immer bewusster werden? Fehlt nicht eine Linke, die es schafft die Multiplizität der Menschen die es nach Emanzipation dürstet in ihrem Begehren zu vereinen? Linke die den Kampf der Rechten weiterführen und versuchen den Status Quo zu erhalten haben der Linken deutlich mehr geschadet, als es diese vermeintlich kulturalistische Linke jemals könnte.

> Der Vorwurf, Identitätspolitik sei partikularistisch und würde damit den Universalismus der Kämpfe um soziale Gerechtigkeit unterminieren, verkennt den ursprünglichen Impuls vieler sozialer Bewegungen, die heute als ›identitätspolitisch‹ gelabelt werden: aufzuzeigen, dass und wo sich universale Versprechen als machtvolle Verallgemeinerungen der partikularen Interessen bestimmter sozialer Gruppen erweisen.[25]

Die Zapatista in Mexiko sind ein Beispiel für die Verbindung dieser drei Dimensionen. Zwei ihrer

---

[25] Dowling, E., van Dyk, S., & Graefe, S. (2017). Rückkehr des Hauptwiderspruchs? Anmerkungen zur aktuellen Debatte um den Erfolg der Neuen Rechten und das Versagen der „Identitätspolitik". PROKLA. Zeitschrift für Kritische Sozialwissenschaft, 47(188), 416

Kern Parolen lauten: »Niemals mehr ein Mexiko ohne uns« und »Alles für alle!«. Auf der einen Seite sieht man hier die Anerkennungspolitik in der ersten Parole, in der zweiten aber, dass es dabei nicht einfach nur um ein »nehmt uns bitte auch mit« geht, sondern um eine Umgestaltung der Gesellschaft, zu der sie dazugehören.[26]

Grenzen der Anerkennungspolitik

Anerkennungspolitik benötigt Sichtbarkeit. Sichtbarkeit wiederum ist ein zweischneidiges Schwert. Auf der einen Seite ist Sichtbarkeit wichtig; wichtig genug das Martin Luther King jr Michelle Nichols überredete ihre Rolle als Lt. Uhura in der Serie Star Trek weiter zu spielen, obwohl diese nach Staffel eins gehen wollte. Der

---

[26] Für mehr dazu siehe: Thomas Nail, »Returning to Revolution. Deleuze, Guattari and Zapatismo«

Grund war, dass sie die erste schwarze Schauspielerin war, die in einer kommandierenden Rolle und nicht in einer dienenden im Fernsehn auftrat. Im alten Rom weigerte man sich die Sklav_innen mit einem Symbol ihres Sklaventums zu markieren, da sie Angst hatten, dass die Sklav_innen dadurch erkennen könnten wie viele sie sind und sich dann zusammenschließen und gegen Rom ankämpfen würden.

Dennoch sollte man Sichtbarkeit nicht mit Macht verwechseln. Wäre Sichtbarkeit der einzig relevante Faktor für Macht, so würde im Internetzeitalter die Welt von nackten Frauen regiert werden. Sichtbarkeit kann als Mittel der Unterdrückung dienen. So wurden Jüd_innen im Dritten Reich sichtbar gemacht, damit man klar wusste wie man sie zu behandeln hat. Auch ›Passing‹ ist hier ein wichtiges Thema. Im Jim-Crow Amerika konnten einige so lange ein Leben als Weiße leben, wie sie aufgrund einer helleren Hautfarbe als weiß durchgingen. Jedoch bestand jederzeit das Risiko, dass man jemandes Stammbaum überprüft und herausfindet, dass man jemand Schwarzes in der Familie hatte, was entsprechend der One-Drop-Rule ausreichte um als Schwarz zu gelten. Passing ist auch heute noch ein Begriff der Verwendung findet. Beispielsweise versuchen trans Personen als das Gender mit dem sie sich identifizieren zu passen, heißt, als das Geschlecht von anderen gesehen und als solches behandelt werden, als das sie sich selbst identifizieren. Der Begriff des Passings lässt sich auf alle Deviationen von der sozial geduldeten Norm abweichenden (PoC, trans Personen, Menschen mit Behinderung, Nicht-Heterosexualität usw.) Personen anwenden. Sichtbarkeit kann ein Mittel der Emanzipation oder ein Mittel der Unterdrückung sein. Wie man mit der Sichtbarkeit umgeht muss anhand des gegebenen Kontextes ermittelt werden.

Es gibt keine biologischen, genetischen ›Rassen‹ in die man Menschen unterteilen könnte. Inzwischen weiß man, dass es sich dabei um sozialdarwinistische und rassistische Pseudowissenschaft handelte. Dennoch werden Menschen in Rassen unterteilt und dementsprechend diskriminiert. Der hier verwendete Begriff ist der der race bzw. der Ethnie. Dabei handelt es sich um eine essenzialistische Mischung aus Natur und Kultur, Abstammung und Sprache. Diesen wird inhärent ein Wert zugeschrieben, dem eine unumgängliche Essenz angehört (›Du kannst nicht Deutsch sein, wenn du nicht hier geboren bist und unsere Sprache sprichst‹ usw.). Die emanzipatorische Antwort ist die Auflösung der Wahrnehmungskategorie. Damit diese jedoch aufgelöst werden kann, muss sie zuerst betont werden, was auf den ersten Blick Paradox zu sein scheint, weshalb viele Liberale lieber so tun als wären sie Farbenblind und ihre Farbenblindheit würde deshalb auf magische Weise systematische Unterdrückung verschwinden lassen; wenn sie den Rassismus nicht sehen ist er nämlich gar nicht da. Die Wahrnehmungskategorie muss im ersten Schritt (an-)erkannt und problematisiert werden, was auch die Aufnahme der Geschichte der Kategorie betrifft, bis man diese auflösen kann – was ein langwieriger Prozess ist.

Mit dem gegenwärtigen Aufkommen von sich immer weiter verbreitenden Bewegungen wie Black-Lives-Matter wird auch die Gegenwehr größer. Das heutige Monstrum der Konservativen heißt *Critical Race Theory*, worunter alles mögliche von kritischer Theorie, Privilegientheorie, Gender Studies bis hin zur akkuraten Darstellung der Geschichte fällt.

Critical Race Theory und Privilegien Theorie gehören – neben Gender Studies – zu den neuen heißen Feldern der Geisteswissenschaften, welche

Konservativen ein Dorn im Auge sind. In Amerika kann man dies momentan im Bezug auf die Schule gut beobachten. Dort wütet ein Kulturkrieg, in dem auf der einen Seite die liberalen Demokrat_innen stehen, die dafür sind, dass Schüler_innen und Studierende etwas über systematischen Rassismus und Geschichte lernen und auf der anderen Seite die konservativen Republikaner_innen, die dagegen ankämpfen wollen, dass das (faktisch falsche und ideologisch verwerfliche) Bild eines amerikanischen Traums in dem es allen gut geht und alle *es* schaffen können erhalten bleibt (was eine radikale Verzerrung der Geschichte voraussetzt). In den letzten Monaten wurden bereits in fünf amerikanischen Staaten antirassistische Ansätze aus dem Kurrikulum verbannt und in neun weiteren versucht man selbiges durchzubringen.[27] Der stärkste kontemporäre Kritiker von Seiten der amerikanischen Konservativen ist James Lindsay. In seinem letzten Buch, *Cynical Theories*, erklärt er die critical race theory für unnötig, da in den 1960ern Rassismus illegal geworden ist und das ständige Hervorheben von Rassismus Rassismus am Leben hält und nicht bekämpft. Wir müssten einfach aufhören in Rassen zu denken und dann wäre das Thema beendet.[28] Man braucht jedoch nicht lange darüber nachdenken und dann wird man schnell merken, dass ein Problem nicht einfach verschwindet nur weil es Illegal ist oder weil wir so tun als würde es das Problem nicht geben. Auch

---

[27] mehr dazu findet man in folgendem Washington Post Artikel von Marisa Iati, aufgerufen am 19.06.2021: https://www.washingtonpost.com/education/2021/05/29/critical-race-theory-bans-schools/

[28] vgl. James Lindsay & Helen Pluckrose, Cynical Theories. How Activist Scholarship Made Everything about Race, Gender, and Identity - and Why This Harms Everyone; S. 111 - 123

wenn Rassen sozial konstruiert sind stellen sie eine Kategorie dar anhand derer bewertet, gewertet, gedacht und dementsprechend gehandelt wird. Das es keine naturwissenschaftliche Basis dafür gibt lässt die sozialen und ökonomischen Probleme und ihre historische Genese nicht auf magische Weise verschwinden. Ich sage dennoch, dass Lindsay zu den klügeren zählt, da die sonstige Kritik sich mehr darauf konzentriert zu behaupten es würde sich bei diesen ganzen theoretischen Ansätzen um Marxismus handeln und es würde nur um den Hass auf das eigene Land gehen.

Wenn heute über Critical Race Theory, Privilegien Theorie (oder Gender Studies) gesprochen wird, dann geht es meistens nicht um den Inhalt des akademischen Feldes – dieser ist den meisten vollkommen unbekannt. Es geht meistens viel mehr um Gesetze die sich auf Rassen/Rassismus oder Sexismus/Gender wie auch Diversität im allgemeinen beziehen; es ist ebenso

Diversitätstraining, wie auch Bildung zum Thema Rassismus gemeint. Dies sind zwar reale Dinge (und ein Teil davon gehört auch kritisiert, aber dazu später mehr), aber die akademischen Feldern, die die Konservativen sowohl in Amerika wie auch hier versuchen zu verbieten, haben damit wenig bis gar nichts zu tun. Man denke nur daran, dass Sachsen ein Entgenderungsverbot an Schulen erteilt hat, wodurch alles andere als die sprachliche des Männlichen über alles andere als Fehler angesehen werden soll,[29] trotz der Faktenlage, dass Entgernderung positive Effekte hat. Über die Wünsche nach dem Verbot einzelner Studiengänge, der vehementen Weigerung gegen eine Rassismus-Studie bei der Polizei, die eh nur das bestätigen würde was alle bereits wissen, oder einem ehemaligen Präsidenten des Bundesamtes für Verfassungsschutz der sich auf seinem

---

[29] vgl. Sachsen erlässt Genderverbot an Schulen, Abgerufen: 12.09.2021, https://www.queer.de/detail.php?article_id=39850

Twitter-Profil beinah täglich mit dem posten von rechtsradikalem Gedankengut beschäftigt braucht man da gar nicht erst anfangen.

Es sollte klar sein, dass der Konservatismus hier (wie üblich) eine menschenverachtende Politik vertritt. Auch wenn er auf den ersten Blick die größere Gefahr darstellt sollte nicht vergessen, dass Konservatismus und Liberalismus auf der selben Seite stehen. Aus diesem Grund möchte ich im Folgenden auf das von beiden geteilte Feld eingehen und werde mich nicht nur auf den Konservatismus und seine vielen absurden partikularen Erscheinungen einlassen.

Der alte weiße cis Mann ist heute in aller Munde. Nicht, dass er das nicht schon seit langer Zeit ist, aber heute wird er direkt als solcher benannt. Auch wenn er schon längst in einer Position ist, in der er sich alles erlauben kann, werden ihm heute dennoch Bücher und Talk Shows gewidmet, wie man es vorher nicht kannte. Der Standpunkt von welchem aus gesprochen wird ist der eines liberalen Multikulturalismus. Für diesen ist alles politisch; impliziert wird, dass alles auch als Mittel des Politischen dient. Wenn jedoch alles Politisch ist fehlt die Differenz und der Begriff des Politischen wird entleert. Politische Fehltritte werden ins kulturelle Register und somit auf etwas übertragen, was heute (häufig voreilig oder vollkommen fehlplatziert) ›Identitätspolitik‹ genannt wird. Politik ist der Moment der mit dem Gegebenen bricht.[30] Demnach verschwindet die Politik dort wo sie das Gegebene ist.

> Wenn alles politisch wird, bedeutet das das Ende von Politik als Schicksal und den Beginn von Politik als Kultur - und den Beginn der unmittelbaren Misere dieser politischen Kultur. Wenn alles zu Kultur wird, bedeutet das das Ende von Kultur als Schicksal und den

---

[30] Darüber habe ich ausführlich in *Von der Macht zum Genuss* (2021) geschrieben

Beginn von Kultur als Politik - und den Beginn der unmittelbaren Misere dieser kulturellen Politik. Das gleiche gilt für das Soziale, die Geschichte, die Ökonomie und den Sex. Der maximale Ausdehnungspunkt dieser Kategorien, die vordem unterschieden und spezifisch waren, markiert ihren Banalisierungspunkt und den Auftakt einer transpolitischen Sphäre, die vor allem eine Sphäre des Verschwindens dieser Kategorien ist.[31]

Identitätspolitik wird zu einer Verteidigung verschiedener Lebensweisen und will diese in das soziale Netzwerk einfügen. Alle sollen auf einer Ebene – auf Augenhöhe – ihr Leben nebeneinander leben können. Multikulturalismus, also die Ermöglichung der Koexistenz und das Ineinanderfließen verschiedener Kulturen, ist an sich nicht falsch. Die Ablehnung einer Fetischisierung und Naturalisierung der symbolischen Wurzeln ist eine vollkommen unterstützenswerte und korrekte Position. Wo er

---

[31] Jean Baudrillard, Die fatalen Strategien, S. 68 - 69

jedoch falsch liegt, ist, dass der Multikulturalismus nicht der zentrale Kampf unserer Zeit ist. Selbstverständlich sind Ereignisse wie die in Charlottesville rassistisch und antisemitisch, aber wenn der eigene Anti-Rassismus nur auf solche Ereignisse ausgerichtet ist und die objektive Gewalt im Hintergrund des Alltags ignoriert, dann ist es ein zahnloser Anti-Rassismus der niemandem helfen kann; er kann lediglich jene die sich mit ihm schmücken und beweihräuchern mit Freude überschütten. Der liberale Multikulturalismus gleitet in seiner Praxis schnell in einen entleerten Rassismus ab. Den leeren Punkt der Universalität füllt er mit seiner eigenen Kultur um dann die anderen vom Standpunkt dieser vermeintlichen Universalität erheben zu wollen. Es ist eine falsche Universalität die in Wirklichkeit nur die wahrhaft rassistische Annahme der eigenen Kultur als *die Norm* gestattet; eine Norm, von der die anderen tragischer Weise ausgeschlossen sind. Er respektiert den Anderen, indem er den Anderen als eine in sich geschlossene authentische Gemeinschaft begreift, zu der der Multikulturalismus eine Distanz aufrecht erhält, die durch seine privilegierte Position ermöglicht wird. Diese Art von Respekt ist nicht die, die man einem Gleichen entgegenbringt (mit dem man sich frei und offen austauschen kann), sondern eher die herablassend-sarkastische Ehrerbietung, die man einem Kind entgegenbringt, wenn man es verärgern will. An diesem Punkt berühren sich Multikulturalismus und Ethnozentrismus: Der Multikulturalismus will dem Anderen nicht zu nah kommen und seine eigene distinkte Kultur erhalten, indem er dem Anderen vorschreibt er solle seine eigene Kultur möglichst authentisch erhalten. Über die Negation wird somit ohne Arbeit seine bewahrt. Es ist ein kultureller Ethnozentrismus mit Umwegen. Aus diesem Grund können Rechtsextreme auch problemlos auf diese Rhetorik zurückgreifen (›Wir wollen doch nur die Kulturen Afrikas bewahren! Deshalb müssen wir sie alle deportieren und in ihrem Land einsperren...‹). Es ist jedoch vielleicht noch nicht alle Hoffnung für den Multikulturalismus verloren. Die Selbstkritik hat innerhalb des Multikulturalismus in den letzten Jahren ein noch nie zuvor gesehenes Hoch erreicht.

Auftritt Privilegientheorie. Indem es seine Weißheit kritisch hinterfragt und sich zum Objekt der Kritik macht, indem es sich die Schuld auflädt und seine Privilegien zum zentralen Punkt des sozialen Kampfes erklärt, will es die Schwäche des Multikulturalismus ausgleichen. Dieser Rettungsversuch unterstreicht jedoch lediglich die Limitierung des Multikulturalismus. Privilegientheorie sieht historische und gegenwärtige Unterdrückung in Privilegien ausgedrückt.

Privilegien sind Vorteile die sich bei der Person die sie besitzen nicht zeigen, weil sie im Hintergrund verschwinden. Sie sind nur dadurch zu erkennen, das andere sie nicht besitzen. Historisch betrachtet werden alle zustimmen, dass die cis Frau gegenüber dem cis Mann benachteiligt war, aber das wird einen cis Mann heute nicht davon überzeugen zum Beispiel sein Amt einer Frau zu überlassen. Die Frage nach der Repräsentation in den Medien ist hierbei ein gutes Beispiel. Wenn ein Charakter in einem Film oder einer Serie trans sein soll, dann passiert es häufig genug, dass die Schauspielenden selbst cis sind und sich wenn nur bedingt über die Erfahrungen von trans Personen informieren. Dies ist jedoch nur ein oberflächlicher Mangel an Repräsentation. Es geht hinter den Kulissen weiter: Wer schreibt die Texte? Wer produziert? Wer ist für das Casting verantwortlich? Wer vergibt das Geld um Filme zu unterstützen? Wer sitzt in der Jury um Filme zu bewerten und ihnen Preise zu verleihen usw. Viele Menschen lernen Minderheiten größtenteils über Medien kennen. Die falsche Repräsentation kann hier einiges an Schaden hinterlassen. Hier sind sowohl bei den Arbeitsplätzen, wie auch in der medialen Repräsentation einige Privilegien versteckt, die cis Männern nicht bewusst erlebt aber dennoch erhalten. Cisgeschlechtlichen hetero Männern wird ein breites Spektrum an Charakteren präsentiert und die Authentizität wird dadurch gesichert, dass die meisten Personen im Arbeitsprozess selbst cis Männer sind. Selbstverständlich gilt die Privilegientheorie nicht nur für den Arbeitsplatz. Auch das Thema kulturelle Aneignung ist voll davon.

Kulturelle Aneignung meint, dass man Elemente einer Kultur entwendet und sich zu eigen macht. Das kann auf der einen Seite ein Museum sein, welches voller gestohlener Kunst ist, wodurch den ursprünglichen Besitzenden nicht nur Kunst sondern auch Geld und kulturelles Ansehen geraubt wurde. Auf der anderen Seite sind es Weiße die Dreadlocks tragen. Wie die beiden Beispiele zeigen gibt es hier einen großen qualitativen Unterschied den es hervorzuheben gilt. Das Verbot jegliche Elemente einer Kultur aufnehmen zu dürfen ist zwar eines das von wenigen verlangt wird und hauptsächlich von Konservativen imaginiert wird, aber dennoch lohnt es sich zur Klärung dieser Phantasie darauf einzugehen. Es lässt sich zwischen kultureller Aneignung als Aufnahme und Vermischung von Kulturen (was wir generell beobachten wenn Kulturen aufeinander getroffen sind und was die jeweiligen Kulturen bereichert hat), kultureller Aneignung als Raub und Ausbeutung der Kultur (wie im Falle des Museums) und kultureller Aneignung als Mockierung (wie, wenn man sich ironisch als Karikaturen der indigenen Bevölkerung Amerikas darstellt oder Blackfacing betreibt). Ersteres stellt kein Problem da und ist zu befürworten, die anderen beiden jedoch nicht, da sie auf der objektiven Ebene (materiell und semiopolitisch) gewaltvolle Akte sind. Im Kontext der kulturellen Aneignung wird kritisiert, dass Weiße es sich herausnehmen können andere Kulturen wie sie wollen aneignen zu können und dieses Privileg fällt ihnen nicht auf, weil sie selbst keine homogene Geschichte oder Kultur besitzen. Man spricht zwar von *den Schwarzen* und ihrer Kultur, aber nicht von *den Weißen* und ihrer Kultur. Die Privilegien-Kultur erhält nun meist von zwei Seiten Kritik. Die eine Seite ist die Konservative, die sich über den erzeugten Opferkult und die politische Korrektheit unter Liberalen echauffiert (auch wenn sie sich selbst gerne als Opfer darstellen). Die andere Seite ist die Linke, die kritisiert, dass die Herangehensweise an Privilegien die wirklichen Unterdrückungsstrukturen verdeckt und damit mehr eine reformistische Stabilisation dieser Umstände ermöglicht als alles andere.

Ein selten untersuchter Standpunkt ist jedoch jener, bei welchem eine kolonisierte Bevölkerung sich die Kultur der Besatzer_innen aneignet. Ein Grund dafür mag sein, dass man es nicht so häufig mit dieser umgekehrten Reaktion zu tun hat, doch würden viele Argumente zerfallen, würde man einfach sagen können ›Warum machen die das nicht einfach auch?‹. Brasilien ist ein solcher Fall. Die Urszene der brasilianischen Politik ist die der Anthropophagie. Es gibt zwei Vorfälle bei denen Kolonisierer verspeist werden sollten, jedoch wurde der Akt in nur einer von beiden vollzogen. Bei dem anderen Fall handelte es sich um den feigen Hans Staden. Man wollte die Kolonisatoren verspeisen um sich ihre Stärken einzuverleiben. Dieser war jedoch zu feige um sich mit den Konsequenzen der mikro- und makropolitischen Gewalt die mit der

Kolonisierung einhergehen konfrontieren zu können, weshalb man sich weigerte diese Feigheit aufzunehmen. In den 1920ern entstand in Anlehnung an jene Ereignisse eine Anthropophage Bewegung. Ziel dieser war es die Anderen, die der Stärkung der Gemeinschaft dienen könnten metaphorisch zu verschlingen und die anderen sich selbst zu überlassen. Die Folge dessen war jedoch eine fragmentierte Gesellschaft ohne identitären Boden.

Fünf Jahrhunderte Anthropophagie in Brasilien haben uns gelehrt, dass es wenig Grund gibt, sich über eine derartige Situation zu freuen: Die Hybridisierung, die Flexibilität, die Respektlosigkeit und die Freiheit zu experimentieren schützen für sich genommen in keiner Weise die Vitalität einer Gesellschaft. Tatsächlich können sie auf verschiedene Weisen, gemäß verschiedener Mikropolitiken gelebt werden: Von der Stärkung der kreativsten und moralischsten Kräfte bis zur unterwürfigsten Flexibilität, deren Folge die perverseste Instrumentalisierung des Anderen ist.[32]

So wie die Ideen der französischen Philosoph_innen der 68er durch die »maîtres penseurs«[33] in ein philosophisches Marketing für den Neoliberalismus umgewandelt wurden, so sieht man in der mikropolitischen Entwicklung Brasiliens, dass der Umgang mit der Flexibilität, sobald man sie als Bedrohung und nicht als Befreiung ansieht, ein faschistisches Begehren befördert. Neoliberalismus und Faschismus entwickeln eine Dynamik bei der das eine die Flexibilität unter Kapitalbedingungen freisetzt, wodurch alles Tradierte sich in Luft aufzulösen droht und von dieser Bedrohung profitiert die

---

[32] Suely Rolnik: »Zombie Anthropophagie. Zur neoliberalen Subjektivität«, S. 19
[33] Gemeint sind: André Glucksmann, Bernard-Henri Lévy, Christian Jambet, Guy Lardreau und Jean-Marie Benoist

Angst-Politik, die das Begehren des Faschismus antreibt.

Dies bedeutet jedoch nicht, wie Wagenknecht und Co. glauben, dass man sich deshalb von der Flexibilität der Identitäten, von der Multiplizität des Lebens, abwenden muss.

> Man hört Stimmen, die nicht mit den verführerischen Melodien harmonieren, die das Kapital und seine eigens für den Markt flexibel gemachten Subjektivitäten anstimmen. Aber Vorsicht: Derartige Dissonanzen haben nichts mit dem Timbre des Begehrens nach einer Rückkehr zur Identität zu tun. Sie haben ganz im Gegenteil mit dem Begehren nach einer Bejahung und Intensivierung der Flexibilität zu tun, mit einer Intensivierung, die aber die kritische Kraft des nomadischen Vermögens aktiviert.[34]

Um dies möglich zu machen, müssen zuallererst die Fabriken des Unbewussten besetzt und eine neue

---

[34] Suely Rolnik: »Zombie Anthropophagie. Zur neoliberalen Subjektivität«, S. 78

semiotische Mikropolitik des Begehrens in Gang gesetzt werden, wie es momentan zu großen Teilen von cis Frauen, LGBTQ+, PoC, Indigenen und Neurodivergenten der jüngeren Generationen verfolgt wird.

Zurück zur Privilegientheorie. Es gibt durchaus auch linke Versuche einer Privilegientheorie und diese sieht Privilegien als ein strukturelles Phänomen an, welches mit der Art und Weise wie es einem möglich gemacht wird in der Welt zu sein zusammen hängt. Die Herausgebenden des Buches *Privilege: A Reader* weisen ebenfalls darauf hin, dass man seine Privilegien nicht einfach verwerfen kann, da man sie nicht freiwillig aufgenommen hat. Sie befinden sich im symbolischen Raum und brauchen strukturellen Wandel. Der Aufruf seine Privilegien zu checken hat somit zuerst lediglich den Zweck sich selbst seiner Position im Symbolischen bewusst zu werden und ein größeres

Verständnis für das alltägliche Leiden Benachteiligter zu erzeugen.

Dieses tolerante, multikulturelle Subjekt ist oft stark in die Kontrolle verbaler und visueller Darstellungen investiert, unter Ausschluss einer tieferen Auseinandersetzung mit sozioökonomischen Strukturen sowie des produktiven Potenzials jener Darstellungen, die als politisch inkorrekt gelten. Anstatt zum Beispiel moralisierend darauf zu reagieren kann es produktiver sein auf der einen Seite *über* sie zu lachen indem man sich über sie lustig macht und auf der anderen Seite kann man sie nutzen um sie als Projektionsfläche der menschenverachtenden Ansichten der Rechten und ihren paranoiden Phantasien anzusehen und sie durch eine naive Analyse bloßzustellen. Wollen wir die Realität verändern müssen wir die Phantasien verändern durch welche wir unsere Realität strukturieren. Selbstverständlich ist Diskriminierung schlecht, aber sie einfach zu benennen reicht nicht aus. Man muss sie durchleuchten, ihren Ursprung finden und diesen hervorheben, als schlecht erkennen *und verändern!*

Der Diebstahl des Vergnügens ist für Konservative ein großes Thema. Sie folgen der ideologischen Überzeugung, dass einige ausgeschlossene Andere – wie zum Beispiel Geflüchtete – ihnen unverdienter Weise ihr Vergnügen rauben (›Warum bekommen die Smartphones ohne seit 20 Jahren hier Steuern zu zahlen?!‹, ›Die klauen uns die Arbeitsplätze und ziehen den Mindestlohn runter!‹ usw.), wodurch ihre Glücksbestrebungen zu entgleisen drohen. Die Privilegientheorie dreht dieses Verhältnis nun um. Sie hebt die ideologische Qualität der konservativen Herangehensweise zwar hervor, jedoch reproduziert sie dabei unbewusst seine Struktur in umgekehrter Weise. Wenn das so genannte Opfer im Szenario des Vergnügens-Diebstahls eine phantasmatische Projektion der rassistischen Person ist, die ihr Unglück auf das falsche Ziel schiebt – indem sie zum Beispiel den Geflüchteten zu Unrecht zum Sündenbock macht, anstatt einem Wirtschaftssystem die Schuld zu geben, das ihre Arbeitskräfte spaltet und ausbeutet –, erscheint das Opfer des unverdienten Privilegs anderer weit weniger ideologisch. Die Annahme der Privilegientheorie ist, dass, wenn die Unterprivilegierten nur die gleichen Privilegien hätten, sie auch glücklich wären. Aber die Frage ist: Wie kommen wir dahin? Das Aufzeichnen und Dokumentieren der Privilegien anderer, das darauf bestehen, dass andere sich zu ihren unverdienten Privilegien bekennen, trägt wenig dazu bei, rassische Ungleichheit zu verändern, institutionelle Strukturen der Unterdrückung abzubauen und verweilende psychische Bindungen an Privilegien zu schwächen.

Eine Gesellschaft in der alle was sie besitzen verdient haben wäre zum Beispiel durch eine sozioökonomische Politik John Rawls vorstellbar. Für Rawls gibt es zwei Prinzipien welche Gerechtigkeit als Fairness ausdrücken: (1) Alle haben ein unveränderbaren Anspruch auf gleiche, grundlegende Freiheiten, die mit den Freiheiten der anderen vereinbar sind; (2) Soziale und ökonomische Ungleichheiten sind zu dulden, wenn sie zwei Zwecke erfüllen: Sie sollen an Ämter und Positionen gebunden werden, die allen unter den Bedingungen fairer Chancengleichheit offenstehen und sie sollen den am meisten benachteiligten Mitgliedern der Gesellschaft zugute kommen. Das bedeutet, verdient jemand deutlich mehr Geld als die meisten anderen in der Gesellschaft, so sollen politische Institutionen dafür sorgen, dass die Ärmsten von diesem Reichtum profitieren.
Alle haben das was sie haben weil sie dafür gearbeitet haben und jene die durch das System

gefallen sind, sind nicht komplett verloren. In einer solchen Gesellschaft wären alle Privilegien meritokratisch erarbeitet und deshalb fair.

Das Problem dieser Herangehensweise und der Privilegientheorie hat Marcuse in seinem Begriff des unverdienten Glücks bereits vorweggenommen. Er schreibt:

Wir wissen bereits, was Kybernetik und Computer zur totalen Kontrolle der menschlichen Existenz beitragen können. Die neuen Bedürfnisse, die in Wirklichkeit die determinierte Negation bestehender Bedürfnisse sind, treten zunächst als Negation der Bedürfnisse in Erscheinung, die das gegenwärtige Herrschaftssystem aufrechterhalten, und als Negation der Werte, auf denen sie beruhen: z.B. die Negation des Bedürfnisses nach Existenzkampf (dieser ist angeblich notwendig, und alle Ideen oder Phantasien, die von der möglichen Abschaffung des Existenzkampfes sprechen, widersprechen damit den angeblich natürlichen und sozialen Bedingungen des menschlichen Daseins); die Negation des Bedürfnisses, seinen Lebensunterhalt zu verdienen; die Negation des Leistungsprinzips, der Konkurrenz; die Negation des Bedürfnisses nach verschwenderischer, ruinöser Produktivität, die untrennbar mit Zerstörung verbunden ist; und die Negation des lebensnotwendigen Bedürfnisses nach betrügerischer Unterdrückung der Triebe. Diese Bedürfnisse würden negiert in dem vitalen biologischen Bedürfnis nach Frieden, das heute kein vitales Bedürfnis der Mehrheit ist, dem Bedürfnis nach Ruhe, dem Bedürfnis, allein zu sein, mit sich selbst oder mit anderen, die man sich selbst ausgesucht hat, dem Bedürfnis nach dem Schönen, dem Bedürfnis nach "unverdientem" Glück - all dies nicht einfach in Form von individuellen Bedürfnissen, sondern als soziale Produktivkraft, als soziale Bedürfnisse die durch die Richtung und Disposition der Produktivkräfte aktiviert werden produktiven Kräfte.[35]

Marcuse trägt dazu bei die Frage als eine der Bedürfnisse und nicht als eine der Privilegien neu zu formulieren. Auch das Terrain der Debatte verlagert er auf das Terrain des Universellen. Im Zentrum steht nun die Frage nach den

---

[35] Herbert Marcuse, Five Lectures: Psychoanalysis, Politics and Utopia, S. 67, Allen Lane The Penguin Press, Übersetzung von Corwin Richter

grundlegenden Strukturen, die für die Erfüllung des menschlichen Lebens erforderlich sind, während Marcuse die Fähigkeit beibehält, Ungleichheit zu identifizieren, zu kritisieren und zwischen denen unterscheiden zu können, deren Bedürfnisse erfüllt werden, und denen, deren Bedürfnisse nicht erfüllt werden.

Die Praxis der Privilegientheorie formuliert sich in einem Bestrafen-Belohnen Schema. Wer seine Privilegien nicht anerkennt muss bestraft werden, wer sie anerkennt muss belohnt werden. Marcuse weist jedoch darauf hin, dass Glück nichts ist was gegeben oder weggenommen werden sollte. Wie Trauern ist auch glücklich sein ein unverdientes Recht. Niemand muss es sich verdienen trauern zu dürfen und genau so muss es sich niemand verdienen glücklich sein zu dürfen. Es geht Marcuse nicht um eine Reform. Unsere gegenwärtigen Strukturen können solchen unverdienten Gefühlen nicht gerecht werden.

Die meisten Themen, die die Privilegientheorie abdeckt, sind Themen der Performance. Damit können sie höchstens die Privilegien demokratisieren, aber dies reicht nicht aus.

Genuss ist heute keine spontane Übertretung des (symbolischen) Gesetzes mehr, sondern eine erwartete Pflicht, die das Über-Ich diktiert. Damit ist das postmoderne Über-Ich mehr nach Narzissus als nach Ödipus modelliert. Das Über-Ich ist manipulativ, es richtet sich an uns in unserer individuellen Schuld und Verantwortung und entpolitisiert dadurch das Subjekt. Indem sich die Privilegientheorie auf selbige Strategie verlässt ist es letzten Endes ein Mittel dazu eben jene Strukturen aufrecht zu erhalten die es eigentlich abschaffen will.

Es lohnt sich an dieser Stelle einmal auf den Neoliberalismus zu sprechen zu kommen. Die Anrufung des Neoliberalismus ist auf den ersten Blick dem Verlangen nach Glück welches Marcuse vorschlägt ähnlich. Es erinnert an Michel Foucaults neoliberale Ordnung der normativen Vernunft des Ökonomismus. Es geht nicht um eine Ausbreitung des Marktes per se, sondern darum, dass sich das Modell des Marktes auch auf Gebiete des Lebens ausweitet die zuvor nach anderen Werten bewertet wurden und in denen Geld höchstens eine tertiäre Rolle spielt. Die Ökonomisierung des Subjekts ist an sich jedoch erst einmal nicht vielsagend, da der Begriff der Ökonomie auch einer ist, der dem historischen Wandel unterliegt. Was also sind die spezifisch neoliberalen Charakteristika um die es hier geht?

(1) Wir sind überall Homo Oeconomicus, was bedeutet, dass auch unser politisches und ethisches Leben rein als Homo Oeconomicus geschehen soll; (2) Der Homo Oeconomicus ist ein Objekt des Austausches oder Interesses - es handelt sich bei ihm um Humankapital in das andere investieren sollen; (3) Der Tätigkeitsbereich des

Humankapitals wird zunehmend das des Finanz- und Investitionskapitals und nicht länger produktives oder unternehmerisches Kapital.

Die Auffassung vom Menschen als Humankapital hat viele Verzweigungen. Ein paar davon lauten: Wir werden nicht nur Humankapital für uns, sondern auch für den Anderen. Egal wie geschickt wir in uns investieren können wir jederzeit gekündigt oder verlassen werden, wenn Stellenabbau benötigt wird oder eine bessere Investitionsmöglichkeit auftaucht. Das Subjekt verliert seinen kantschen Wert als Selbstzweck. Da das Humankapital im Wettbewerb ist wird Ungleichheit und Ungerechtigkeit nicht nur zu einem normalen sondern sogar zu einem erwünschten Zustand. Kollektive Kategorien wie die der Klasse und der Klassenzugehörigkeit und damit zusammenhängend Ausbeutung und Entfremdung werden verschleiert. Mit dieser Demontage der Solidarität werden auch die

Gewerkschaft und die Rechte der Konsumentengruppen untergraben. Diese Demontage und Unterminierung stellen Jahrhunderte an Kämpfen um bessere Rechte der Arbeiterschaft und besseren Schutz der Konsumierenden in Frage und eröffnen einen neuen Raum für den Abbau dieser. Man denke nur an die Rede Merkels über die »faulen Griechen«, mit der sie sowohl das rechtspopulistische Klima anheizte wie auch die Position griechische, portugiesische wie auch spanische Arbeiter_Innen hätten kein angenehmes Leben und keinen Ruhestand verdient als Position des gesunden Menschenverstandes verkaufte. An dieser Stelle kann man den Unterschied zwischen dem neoliberalen Vergnügen und dem unverdienten Vergnügen Marcuses sehr gut erkennen: *Das Proletariat muss sich das Glück nicht erst verdienen!*

Unverdientes Glück zu verlangen ist ein Appell den
alle äußern können. Dieses persönliche und
kollektive Verlangen lehnt die Forderungen der
neoliberalen Über-Ich-Agentur ab und verweigert
die privilegientheoretische Überwachung des
Glücks zu wiederholen, die die symbolische
Struktur des Kapitalismus intakt hält. Die
Forderung nach unverdientem Glück ist ein
traumatischer Schock für die soziale Ordnung, der
alles aus dem Gleichgewicht wirft und sich dem
reibungslosen Ablauf des Alltäglichen in den Weg
stellt. Sie betont den Antagonismus zwischen den
Eingeschlossenen und den Ausgeschlossenen und
fordert eine andere Anordnung des Symbolischen:
Sie dekommodifiziert das Glück als persönliches
Gut, de-individualisiert das Begehren, indem sie das
Begehren nach Glück (und Genuss) sowohl zu
einer persönlichen als auch zu einer kollektiven
Verpflichtung macht, zu einer Bindung an ein
universalistisches Projekt, das die privatisierten

Belohnungen des Privilegs – unverdient oder nicht – effektiv kurzschließt.

Was wir heute brauchen, ist eine kollektive Antwort, nicht eine individuelle. Es braucht kein privilegientheoretisches Weggeducke sondern eine affirmative Position, die sich für das allgemeine Begehren gegen den Rassismus einsetzt. Indem dieses allgemeine Begehren seine Partikularität aktiv umgeht, können die marginalisierten und rassifizierten Teile der Gesellschaft als Anteil der Anteillosen effektiv am emanzipatorischen Kampf für das Universelle teilnehmen.

Die Macht der Semiotik

In hyperrealen Zeiten muss das Symbolische und Materielle einiges einstecken. Die Semiotik steigt zu neuen Höhen auf. Man sieht dies alleine daran welche Wirkung Memes aus dem Internet haben.[36] Die Illuminati-Verschwörungstheorie wurde mit dem Ziel erfunden zu zeigen wie lächerlich Verschwörungsnarrative häufig sind. Der ursprüngliche Scherz hat, wie tausende Facebook-Gruppen, Conventions usw zeigen, das Gegenteil der Intention erzielt und danach wurde es nicht mehr besser. Anhand von QAnon kann man heute sehen, wie gerade jene die ihre Kinder immer erinnerten im Internet nicht alles ernst zu nehmen daran scheitern.

Sowohl beim Thema Cancel Culture wie auch beim Thema Identitätspolitik ist eine Berufsgruppe immer dabei: Die Joker. Ob nun als Satiriker_innen, Stand-Up Comedian, Schauspieler_innen oder einer der anderen Berufszweige die mit Humor arbeiten. Es ist jedoch nicht nur eine Berufsgruppe. Hier und da hört man immer wieder Beschwerden von Personen die

---

[36] siehe bspw. Dale Beran: »It Came from Something Awful«

einfach die Meinung vertreten sie dürfen keine Witze mehr machen. Durch ihre Witze drücken sie ihre eigenen Phantasien aus, weshalb sie sich in ihrer Person angegriffen fühlen, haben sie das Gefühl als würden sie diese nicht länger präsentieren dürfen. Was es damit auf sich hat haben wir schon behandelt.

Offen ist jedoch noch die Betrachtung des Witzes selbst als ideologisches Betäubungsmittel. Des Weiteren ist die Bezeichnung als Joker kein Zufall. Es gibt hier Überschneidungen mit einer Karikatur aus dem Batman-Universum, die immer darum bemüht ist möglich edgy zu sein. Mit diesem edgy sein ist ein gewisser Genuss verbunden.

Die Komödie fühlt sich subversiv an. Sie unterbricht den Fluss des Alltäglichen und fordert nicht allzu selten soziale Autoritäten oder die alltägliche Logik heraus. Etwas muss unsere gewohnten Denkstrukturen unterbrechen um witzig zu sein. Die Komödie scheint frei von

Hierarchien. Aus diesem Grund unterstellen Simon Critchley, Robert Pfaller und andere dem Humor einen inhärenten Egalitarismus. Es bringt eine gewisse Freiheit mit sich Witze zu machen. Man kann Dinge tun oder sagen, die außerhalb des Witzes vielleicht nicht geduldet werden würden. Eine Verbindung zwischen Komödie, Subversion und Kritik ist schnell gemacht. Mikhail Bakhtin geht sogar so weit die Komödie als ein Mittel des Klassenkampfes zu sehen. Dabei bezieht er sich auf den Karneval, bei dem an einem designierten Tag die sozialen Hierarchien abgeschafft werden und sich alle als Gleiche unter Gleichen begegnen – die Unterdrückenden sind, so Bakhtin, gar nicht in der Lage dazu die Komödie für ihre Zwecke zu mobilisieren.[37] Dem liegt die Vorstellung zugrunde, dass die Autorität nur über Ernsthaftigkeit funktioniert, weshalb sie ihre Autorität verlieren

---

[37] Vgl. Mikhail Bakhtin: »Rabelais and His World«, Bloomington: Indiana University Press, 1984; S 94

würde, würde sie sich an den Humor wenden. Dieser Vorstellung von Humor zufolge könnte es zum Beispiel auch niemanden geben, der sich am mobben erfreut; niemand würde sich über schikanierte Schüler_innen lustig machen und über sie lachen, da hier der Humor der einen der Unterdrückung der anderen dienen würde. Es gibt eine gigantische Menge an rassistischen, sexistischen, homophoben, transphoben und antisemitischen Witzen. Blackfacing stammt Beispielsweise von den *Minstrel Shows*, in welchen weiße Schauspieler_innen sich schwarze Schuhcreme ins Gesicht schmierten und eine Karikatur der immer fröhlichen Sklaven spielten um diese und ihr Leiden abzuwerten. Wer in dem nach unten Treten auf die Versklavten schon kein Problem erkennt, sollte sich bezüglich seiner Werte eventuell mal Gedanken machen.

Aus solchen diskriminierenden Witzen entsteht ein Genuss an dem Ausschließen. Auch wenn

Personen mit hoher Position sich über sich selbst lustig machen, heißt das noch lange nicht, dass es sich dabei um einen subversiven Akt handelt oder dass sie im Akt des Witzes ihre Position aufgeben. Wenn eine Annegret Kramp-Karrenbauer sich auf eine abwertende Art und Weise über Intersexualität lustig macht und sich die konservativen Politiker in ihren Büttenreden gegenseitig übereinander lustig machen, dann holt es sie nicht auf die selbe Ebene. Würde man ihr Leben genauso durch viele gesellschaftliche und institutionalisierte Hürden erschweren und würden viele sie als kranke Menschen oder gar Un(-ter-)menschen betrachten, dann würden sie auf der selben Ebene stehen.

Man kann den Humor nicht, wie Umberto Eco es in *Der Name der Rose* getan hat, dem ideologischen Fundamentalismus gegenüberstellen, da Humor häufig eine interne Bedingung der Ideologie ist. Mladen Dolar bemerkte zu Ecos Buch bereits:

Lachen ist eine Bedingung von Ideologie. Es gibt uns die Distanz, genau den Raum, in dem Ideologie auf Hochtouren kommen kann. Nur durch das Lachen werden wir ideologische Subjekte, dem unmittelbaren Druck der ideologischen Abgrenzungen in eine freie Enklave entzogen. Nur wenn wir lachen und frei atmen, hat die Ideologie einen wahrhaften Zugriff auf uns - nur dann beginnt sie, vollständig als Ideologie zu funktionieren, mit den spezifischen ideologischen Mitteln, die unsere freie Einstimmung und die Erscheinung der Spontaneität sichern sollen und das Bedürfnis nach den nicht-ideologischen Mitteln äußerer Zwänge eliminieren.[38]

Das subversive Potential der Komödie muss außerhalb der humanistisch-romantischen Vorstellung einer Komödie als intellektuellen Widerstand gesucht werden.

Das heutige ideologische Klima wird beherrscht von einer Bio-Moral, derzufolge alle gut sind, die sich gut fühlen. Das bedeutet, dass alle schlimmen

---

[38] Mladen Dolar, »Strel sredi koncerta«, in ders., Theodor W. Adorno: Uvod v sociologijo glasbe, Ljubljana 1986, S. 307.

Erfahrungen uminterpretiert werden müssen, als Erfahrungen die einem für die Zukunft nutzen. Die Unglücklichen und Erfolglosen sind bereits ontologisch verdorben. Wir kommen somit auf den ursprünglichen Rassenbegriff zurück, indem eine Rasse auf ihrer ökonomischen, politischen und Klassen zugehörigen Identität bestimmt wird. Die Armen und Erfolglosen sind eine eigene Rasse, die anders betrachtet und verstanden werden muss, als die >normalen Menschen<. Durch diese Rassifizierung entstehen neue Formen von Rassismen, die rückwirkend die sozioökonomischen Umstände biologisieren.

[Dieser Rassismus] tendiert dazu, die durch die soziosymbolische Ordnung produzierten Differenzen und Merkmale zu „naturalisieren". Hierüber lässt sich auch der ideologische Aufschwung des Themas des privaten Lebens sowie des Lifestyles und der Gewohnheiten verstehen.[39]

---

[39] Alenka Zupančič: »Der Geist der Komödie«, S. 13

Sein – das bloße Leben – wird mit dem sozioökonomischen Wert einer Person in Verbindung gesetzt. Somit erklären sich zum Beispiel Talkshows die erfolgreiche Frauen einladen, um dann nicht über ihre Arbeit sondern ihr Leben zu sprechen, als würden die beiden sich gegenseitig implizieren.

Es ist jedoch nicht nur so, dass der Humor die Unterdrückten und die Unterdrücker nicht unbedingt auf eine Ebene holt; der Humor kann auch dazu dienen um ihre Macht zu erhalten. Witze können befreien, sie können aber auch ein Mittel der Ideologie sein. Nun ist die Frage wie man herausfinden kann wann ein Witz welchem Zweck dient. Im allgemeinen meinen wir, dass die Subjektposition und das Objekt des Witzes sich überschneiden. Wir können uns genauso gut vorstellen, wie eine Gruppe Bediensteter über eine Karikatur ihres Chefs lachen, wie wir uns auch

Grund- und Wohnraumbesitzende vorstellen können, die sich über Obdachlose lustig machen oder wie AFDler die aufgrund von Karikaturen von trans Personen oder Geflüchteten laut prusten müssen. Das Problem dieser Unterteilung die auf der Subjektposition und dem Objekt des Witzes basiert ist jedoch, dass die Gruppen auch Witze über sich selbst machen können.

Eine bessere Bewertung erhalten wir vielleicht durch einen Blick auf den Effekt des Witzes sowohl im Bezug auf das Subjekt wie auch auf das Objekt des Witzes. Die Komödie unterbricht das Alltägliche, sie durchschneidet die phantasmatische Ganzheit und birgt die darunter liegenden Antagonismen. Der egalitäre Humor schafft es diese Antagonismen hervorzuheben und verweist somit sowohl auf die Spaltung im Subjekt wie auch die Spaltung in der Gesellschaft. Die auftretende interne Trennung ermöglicht uns sowohl das Lachen wie auch die Kritik. Dave Chappelle ist hierfür ein gutes Beispiel. In einer seiner Routinen erzählt er von einem Flug bei dem alle als Geisel genommen werden. Während alle weißen Geiseln am durchdrehen sind schauen Chappelle und die anderen PoC sich nur an und geben einen Daumen hoch. Sie wissen, dass ihnen keine Gefahr droht, da PoC kein gutes Tauschmittel darstellen. Er verweist auf den grassierenden Rassismus und erzeugt einen Exzess indem er diesen Rassismus in dieser Extremsituation als Vorteil darstellt - Kritik und Witz. Konservativer Humor hingegen funktioniert so, dass er durch den Akt der Exklusion eine Ganzheit schafft. Der meiste Humor ist konservativ. Es ist eben viel leichter das Gegebene zu bedienen und frei von jedweder Denkanstrengung über diejenigen für die es unzählige diskriminierende Stereotype und Vorurteile gibt herzuziehen.

Wie bei der Literatur verrät auch der Humor einer Person etwas über die Position des Subjekts.

Kommen wir deshalb zu einer sowohl im Comedy-Business wie auch im Netz relevanten Subjektposition: Die des Anti-Helden.

Todd Phillips' Film *Joker* (2019) ist eines von vielen Beispielen die auf die Umdeutung und Instrumentalisierung der Populärkultur durch Rechtsradikale deuten. Der Film selbst ist eine Kritik am Neoliberalismus im allgemeinen und eine Darstellung des schwierigen Prozess der Bewusstwerdung der eigenen Position im symbolischen Netzwerk der Ideologie. Paul Joseph Watson, Chefredakteur der rechtsradikalen Verschwörungsplattform *InfoWars* sah das Ganze jedoch etwas anders. In seinem Video *Why the WOKE Establishment Hates Joker* erzählt er seiner millionenschweren Zuschauerschaft folgendes:

Why was the establishment so afraid of this movie? ... because Joker points a finger at the true reason why our society produces the diseased minds responsible for mass shootings. Because our entire culture is bathed in atomising consumerist, celebrity-at-all-costs nihilism. Because the way we have been brainwashed into living and consuming creates a breeding ground for loneliness, despair and mental illness. Because we have been taught that people who think differently are a danger to society and that they must be ostracised, bullied and censored into silence. Because we castigated an entire generation of young men that they are worthless incels who deserve nothing but contempt. ... The movie holds up a mirror to how a society that humiliates, shames and disenfranchises people is itself responsible for generating violence.[40]

Hier sehen wir ein wiederkehrendes Phänomen: Ökonomische und politische Effekte werden kulturalisiert. Diese Kulturalisierung entzieht allen die Verantwortung, außer den Individuen die in eben jenen Systemen leben die sie generieren. Der typische Hyperindividualismus den Baudrillard bereits kritisierte. Memefiziert verkörpert der Joker

---

[40] Paul Joseph Watson's Video Why the WOKE Establishment Hates Joker, zuletzt abgerufen am 22.05.2021 https://www.youtube.com/watch?v=MxLZv2qdlUI

in der rechten Symbolwelt den Archetyp des rebellischen Märtyrers: Er bricht das moralische Gesetz der woken Kultur und wird dafür von all jenen verdammt, die noch in ihrer Schafherde stecken. Der Märtyrer ist in rechten Kreisen ein beliebtes Archetyp. Im selben Sinne wurde das Meme »Thanos did nothing wrong« in die Welt gerufen, welches die malthusianischen Ängste vor einer Überbevölkerung und die rassistischen Bio-Macht à la ›wir müssen die anderen töten damit wir leben können‹ verbunden und über den soziopathischen Utilitarismus seiner Tat als märtyrerischen Akt rechtfertigt.

Der Regisseur des womöglich besten DC-Films, Tim Burton, sagte über den Joker:

> Der Joker ist deshalb eine so großartige Figur, weil er über vollkommene Freiheit verfügt. Jede Figur, die außerhalb der Gesellschaft operiert und zu einem Freak und Ausgestoßenen erklärt wird, erwirbt die Freiheit, alles zu tun, was sie will. ... [Figuren wie der Joker]

verkörpern die dunklen Seiten der Freiheit. Der Wahnsinn ist auf erschreckende Weise die größtmögliche Freiheit, die man überhaupt haben kann, weil man nicht an die Gesetze der Gesellschaft gebunden ist.[41]

Diese Einschätzung betont einen wichtigen Punkt des Jokers und der Märtyrer-Figur im allgemeinen: Die Transgression. Jedoch hat sich bezüglich der Transgression etwas verändert. Um die Signifikanz der Veränderung zu begreifen werde ich deshalb erst auf die gewohnte Funktion der Transgression eingehen.

Das Gesetz ist wie folgt strukturiert: Auf einer übergeordneten Ebene steht das symbolische Gesetz. Dieses dient der Versöhnung der Subjekte und ermöglicht dadurch deren Koexistenz. Dieses übergeordnete Gesetz wird in zwei untergeordnete Oppositionen unterteilt: Das positive Gesetz als Prohibition und auf der anderen Seite als

---

[41] Mark Salisbury (Hsg.): » Burton on Burton«, S. 80

positiviertes Negativum das verrückte Gesetz als Gesetzesbruch, die Transgression. Die Transgression diente in der Vergangenheit dazu die etablierten Gesetze der Prohibition zu unterminieren. Heute ist es jedoch etwas anders. Wir haben es nicht mehr mit realen juridischen oder normativen Gesetzen zu tun, sondern nur noch mit deren Simulakrum:

Heutzutage funktioniert die Abstraktion nicht mehr nach dem Muster der Karte, des Duplikats, des Spiegels und des Begriffs. Auch bezieht sich die Simulation nicht mehr auf ein Territorium, ein referentielles Wesen oder auf eine Substanz. Vielmehr bedient sie sich verschiedener Modelle zur Generierung eines Realen ohne Ursprung oder Realität, d. h. eines Hyperrealen. Das Territorium ist der Karte nicht mehr vorgelagert, auch überlebt es sie nicht mehr. Von nun an ist es umgekehrt: (PRÄZESSION DER SIMULAKRA :) Die Karte ist dem Territorium vorgelagert, ja sie bringt es hervor. Um auf die Fabel zurückzukommen, müßte man sagen, daß die Überreste des Territoriums allmählich Ausdehnung und Umfang der Karte annehmen. Nicht die Karte, sondern Spuren des Realen leben hier und da in den Wüsten des REICHES, sondern in unserer Wüste, in der Wüste des Realen selbst.[42]

Die heutige Form der Transgression betrifft nichts reales mehr, aber bringt noch den selben Genuss mit sich. Dadurch erklärt sich die Lust am gecancelt werden. Man überschreitet die Werte einer imaginären, allgegenwärtigen Gemeinschaft, die in Wirklichkeit lediglich aus kleinen, marginalisierten Communities besteht. Man erhält durch die Simulation einer Gemeinschaft und den Bruch mit ihren Werten Genuss und darf gleichzeitig die am weitesten verbreiteten Positionen vertreten und hat damit den Rückhalt der Mehrheit sicher. Deshalb leiden die meisten die gecancelt werden auch weder einen Verlust in Bezug auf ihre ökonomische Position im Bezug auf ihre Fähigkeit einen

---

[42] Jean Baudrillard: »Agonie des Realen«, S. 7f

Arbeitsplatz zu finden, noch haben ihre Seiten einen algorithmischen Verlust, da die Interaktion mit ihren Profilen erhöht wird, was ihnen im Plattform internen Ranking weiterhilft.

Wenn nun die Edginess vielleicht doch nicht der Ausweg aus unserer gegenwärtigen Lage ist, was kann es dann sein?

Ich würde eine gewisse Naivität vorschlagen, eine performative Überidentifikation mit der symbolischen Rolle. Der Blick eines Außerirdischen und der einer Maschine können beide dazu dienen die arbiträren aber alltäglichen, normalisierten Wirkungen des Symbolischen aufzuzeigen und durch ihren Humor sowohl den anderen sprachlos zurücklassen (da man dessen Sprachspiel nicht mitspielt), wie auch diesen durch das Lachen anzustecken.

Mit dem Thema der Komödie als ideologisches Mittel kommt früher oder später das Thema der ›politischen Korrektheit‹ auf.

Politische Korrektheit, kurz: PC, ist heutzutage – ob nun direkt oder indirekt – in aller Munde. Die einen möchten dazu motivieren den alltäglichen Gebrauch der Sprache dahingehend zu verändern, dass er weniger diskriminierend ist, indem ein Verständnis über den Platz innerhalb des Diskurses und die Geschichte der Begriffe die man täglich von sich gibt geschaffen wird. Die anderen beschweren sich darüber, dass diese politische Korrektheit uns allen das Recht auf freie Meinungsäußerung nehmen will; wir alle dürfen nur noch die eine und zwar die politisch Korrekte Meinung haben.

Drei Fragen die hier in diesem hin und her eher selten beantwortet werden, sind die Fragen nach dem Ursprung der politischen Korrektheit, mit wem läuft man Gefahr sich zu solidarisieren, stellt man sich gegen die politische Korrektheit und was sind die Grenzen der politischen Korrektheit? Dabei sollte man auch nicht den Unterschied zwischen der Debatte hierzulande und der in Amerika außer Acht lassen.

Ein Gespenst geht um im amerikanischen Konservatismus. Es ist jedoch zu all unserem Bedauern nicht das Gespenst des Kommunismus; es handelt sich um einen Roman von George Orwell, der die konservativen Seelen begeistert. Einer der, von den Verkaufszahlen her, beliebtesten Konservativen Amerikas ist der Kanadier Jordan B. Peterson und einer seiner Lieblingsautoren ist George Orwell. Wir werden im Folgenden zwar über Jordan Peterson sprechen, aber seine oberflächliche Interpretation wird von vielen Konservativen und Rechtsradikalen geteilt. Eine Sache die bei der Betrachtung seiner Interpretation hilfreich sein kann, ist ein Punkt, den Peterson nicht müde wird zu wiederholen: Wenn man etwas liest, dann sollte man es so lesen, als wäre es für einen selbst geschrieben worden. Demnach sagt die Interpretation eines Textes etwas über die interpretierende Person aus – und damit liegt er richtig. Jeder Versuch sich der Realität zu nähern wurzelt in Phantasie. Sie setzt die Koordinaten unserer Beziehung zur Realität. Werden wir mit der Phantasie konfrontiert, wird sie real, dann fliehen wir vor ihr. Die Phantasie muss versteckt bleiben damit sie wirken kann. Einer der Orte in denen sie sich versteckt ist der Rahmen der Interpretation. Demnach können wir verstehen wie ein Jordan Peterson oder auch andere Rechte an die Komplexitäten der Welt herangehen, indem wir zu verstehen versuchen, wie ihr interpretativer Rahmen funktioniert.

In 1984 werden die Folgen einer gescheiterten Revolution dargestellt. Die neuen Herren, wie Lacan sagen würde, versuchen die kybernetische Hypothese gewaltvoll zu realisieren, indem sie nicht nur das Handeln der Leute durch Gesetze einschränken, sondern auch versuchen durch Zensur und Sprachveränderung zu bestimmen was gedacht werden kann. Wörter wie ›die Denkpolizei‹, ›Denkverbrechen‹, ›Big Brother‹, ›Raum 101‹ oder ›2+2=5‹ haben sich popkulturell memetisch über den Rahmen des Werks hinaus in die Gedankenwelt der Menschen einbrennen lassen. Der Grund dafür ist nicht einfach nur das es sich gut lesen lies, sondern, dass die Begriffe sich politisch gut nutzen lassen. Es ist auf jeden Fall Orwells Antwort auf Stalin und Autoritarismus im ganzen, aber das Buch nur darauf zu beschränken wird ihm nicht gerecht. In seiner Negation Stalins ist es ein Mittel die Gegenseite des kalten Krieges zu legitimieren. Damit dient sie als Schild gegen die Kritik konservativer Gesellschaftsstrukturen und einer kapitalistischen Ökonomie, da diese das Gegenstück zu Orwells Dystopie darstellen sollen. Es gibt eine Anekdote über Willy Brandt, der zufolge Brandt nach dem Fall der Berliner Mauer Mikhail Gorbachev nicht bei sich daheim begrüßen wollte. Als dieser bei seiner Ankunft in Berlin bei Brandt an der Tür klopfte ignorierte dieser ihn. Der Grund war, dass er wütend auf Gorbachev war: Dadurch, dass der Sowjetblock sich auflöste wurden die Grundlagen der westlichen Sozialdemokratie untergraben. Der Wohlfahrtsstaat wurde nur aufgrund des ewigen Vergleiches mit der Sowjetunion geduldet. Da dieses Gegenstück nun wegfiel brauchten die Kapitalist_innen nun auch nicht länger Angst davor haben den Sozialstaat abzubauen und dem Kapitalismus freien Lauf zu lassen.

In einem Jahrhundert reich an politischen Ironien war vielleicht keine größer als diese: Am Ende des Kalten Krieges, als der Mainstream der Experten den globalen Triumph der Demokratie bejubelte, wurde in der euroatlantischen Welt eine neue Form der staatlichen Vernunft entfesselt, die die begriffliche Auflösung und substantielle Aushöhlung der Demokratie eröffnen sollte. Innerhalb von dreißig Jahren sollte die Demokratie ausgemergelt und zu einem Gespenst werden, während ihre Zukunft immer schwieriger und unwahrscheinlicher erschien.[43]

Den Zweck den 1984 nun erfüllt, ist der, dass er alle negativen Aspekte des *Red Scare* aufrecht erhalten kann, ohne gleichzeitig einen Druck für einen sozialeren Staat mit mehr Rechten für die Arbeiterschaft aufrechterhalten zu müssen. Ein Win-Win für den Kapitalismus.

Wirft man einen Blick auf Jordan Petersons Webseite, dann sieht man eine Liste von Büchern die man unbedingt gelesen haben sollte. Auf dieser befindet sich George Orwells 1984 direkt nach Aldous Huxleys Brave New World auf Platz Nummer Zwei. Peterson hat eine gewisse Obsession mit dem Kalten Krieg und ist

---

[43] Wendy Brown: »Die schleichende Revolution« S. 7

vollkommen in die Red Scare Propaganda eingetaucht. In *12 Rules for Life* schreibt er:

> I was simultaneously tormented by the fact of the Cold War. It obsessed me. It gave me nightmares. It drove me into the desert, into the long night of the human soul. I could not understand how it had come to pass that the world's two great factions aimed mutual assured destruction at each other. Was one system just as arbitrary and corrupt as the other? Was it a mere matter of opinion? Were all value structures merely the clothing of power? Was everyone crazy? Just exactly what happened in the twentieth century, anyway? How was it that so many tens of millions had to die, sacrificed to the new dogmas and ideologies? How was it that we discovered something worse, much worse, than the aristocracy and corrupt religious beliefs that communism and fascism sought so rationally to supplant? No one had answered those questions, as far as I could tell.[44]

---

[44] Jordan B Peterson: »12 Rules for life: An Antidote to Chaos«, S. 196

Und diese Obsession endete nie. Er erinnert an Hiroo Onoda oder Christine Schorn aus *Good Bye, Lenin!* Alle, die ihm widersprechen, sind insgeheim Kommunist_innen, die den Westen zerstören wollen. Was Peterson an Orwells politischem Engagement übersieht, ist, dass dieser kein strikter Anti-Kommunist war. Orwell selbst schrieb in *Why I Write*:

> Every line of serious work that I have written since 1936 has been written, directly or indirectly, against totalitarianism and for democratic socialism.[45]

1984 ist nicht einfach nur eine Kritik am Stalinismus sondern auch eine Kritik an der Überwachung, Zensur und Propaganda, die er in England erfahren musste. Als Teilnehmer am spanischen Krieg gegen den Faschismus wurde er

---

[45] George Orwell; Why I Write, in George Orwell: Essays; Hsg. Sonia Orwell und Ian Angus; London: Penguin Modern Classics, 2000; S. 5

148

schließlich von dem Britischen Geheimdienst ab 1938 überwacht. Es ist ein Angriff sowohl auf den Stalinismus wie auch den Westen.

Aber kommen wir zu Jordan Peterson. Er hat das Gefühl es ginge Berg ab mit dem Westen

> We are thus eternally caught between the most diamantine rock and the hardest of places: loss of group centered belief renders life chaotic, miserable, intolerable; presence of group-centred belief makes conflict with other groups inevitable. In the West, we have been withdrawing from our tradition-, religion- and even nation-centred cultures, partly to decrease the danger of group conflict. But we are increasingly falling prey to the desperation of meaninglessness, and that is no improvement at all.[46]

Peterson sieht sein gesamtes Schaffen als ein Versuch diese westliche Kultur am Leben zu

---

[46] Jordan B Peterson: »12 Rules for Life: An Antidote to Chaos«, xxxii

erhalten. Aber was genau ist diese westliche Kultur? Die Annahme einer westlichen Kultur hat drei Voraussetzungen: Homogenität, historische Kontinuität und strikte Distinktion.

Binarität liegt dem Denken Petersons zugrunde. Es braucht für Peterson einen Anderen, gegen den sich der Westen stellen kann, um definiert zu werden – eine Freund/Feind Distinktion. Seit der Sowjetunion gab es keinen Gegner mehr, der den selben starken Eindruck erzeugen konnte und deshalb scheint es ganz so, als hätte es den Westen nie gegeben – der Westen wird als historisch kontingentes Phantasma enttarnt.

Da Peterson dieses Trauma jedoch nicht verarbeiten kann sucht er in einem paranoiden Modus nach denjenigen, die ihm das Objekt seines Genusses stehlen wollen; durch die Erfindung dieses diebischen Anderen kann er ebenfalls das verlorene Objekt erschaffen, das in Wirklichkeit nicht existiert.

Kommen wir von Amerika nach Deutschland. Auch hier wird von politischer Korrektheit gesprochen. Ursprünglich beschrieb dieser Begriff eigentlich konservative Politik. Diese setzte auf tradierte Werte und sah alles was neu schien als einen Angriff auf ihr Wertesystem und ihre Kultur. Mit der Verschiebung des Marktes kam auch die Verschiebung des Wertes in der Kultur. Der Markt kann einen Nutzen aus einer Vielzahl verschiedener Identitäten ziehen und sich gleichzeitig auch vor ihrer potenziellen Radikalität schützen, indem er sie absorbiert. Aus einer Menge an neuen Lebensweisen entstand eine Menge an Produkten, die als speziell diesen Lebensweisen entsprechend vermarktet wurden. Der Kapitalismus verflüssigte schon immer Traditionen, weshalb es einst auch einen explizit konservativen Antikapitalismus gab. Der postmoderne Konservatismus identifiziert sich jedoch mit dem Kapitalismus ohne diesen zu verstehen, weshalb er den Feind dort sieht wo der

Markt eine neue Kundschaft generieren will, die gegen jene tradierten Werte ist.

Somit gab es auch einen Wandel in der Kritik. Wo man zuvor strikte Einhaltung der politisch korrekten (christlich-konservativen) Werte verlangte, verlangt man nun eine politische Inkorrektheit. Das politisch korrekte Feindbild wurde geschaffen. So fand es seinen Weg nach Deutschland. Der Begriff wurde von Rechten ironisierend in den deutschen Diskurs gebracht. Friedrich Paul Heller hat die Ankunft des Begriffs wie folgt rekonstruiert:

Das vorherrschende Geschichts- und Gesellschaftsbild gilt als «politically correct» oder kurz «PC». Der Begriff «political correctness» stammt aus den USA und bedeutet die Ersetzung von Hass-Wörtern durch neutrale Wörter. In den USA trieb die Political correctness gelegentlich seltsame Blüten. Weiße hießen z.B. «Kaukasier». Universitäten stellten Leute ein, die über die politisch korrekte Rede und nicht-diskriminierende Praxis wachen sollten. Soweit ist es in Deutschland nicht gekommen. Hier waren es die Rechten, die «PC» ironisierend zum Kampfbegriff machten. Sie grenzte sich von sich aus gegen den vorherrschenden Sprachgebrauch ab. Otto Graf Lambsdorff eröffnete die Runde mit einem Artikel Deutschlands neue Denkverbote in der Frankfurter Allgemeinen Zeitung vom 2. August 1995. Im selben Jahr erschien Klaus Rainer Röhls Deutsches Phrasen-Lexikon: politisch korrekt von A bis Z. (Berlin: Ullstein, 4. Auflage 2001). Röhl, der nach rechts abgedriftete frühere Herausgeber der Zeitschrift Konkret, hat mit diesem Buch einen Katalog mutmaßlich verbotener Wörter zusammenstellt. Die rechte Szene jubelte. Erika Steinbach vom rechten Rand der CDU stellte das Buch auf einer Pressekonferenz in Bonn vor. Auszüge wurden z.B. im Bramfelder Sturm, einem militanten Skinhead-Blättchen, im Focus (39/1995) und der Rechtspostille Europa Vorn (Nr. 91) nachgedruckt. Gerhard Frey schrieb im Januar 2001 in seiner Nationalzeitung einen zweiseitigen Artikel Was jeder bedenken sollte; Kleines ABC der demokratischen Rechten in dem er in Form kommentierter Stichwörter seine Schrumpfprogrammatik entfaltet. Die Junge Freiheit verkaufte «Anti-PC-Aufkleber», 30 Stück für 9.- DM, und vertrieb das Röhl-Buch noch Anfang 2001. Die Hamburger Burschenschaft Germania wirbt

damit, «garantiert politisch unkorrekt» zu sein. Kurz:
Die politisch gespaltene deutsche Rechte hatte eine
gemeinsame Sprache gefunden. Der Jubel für Röhl galt
auch seiner Leistung, den rechten Sprachgebrauch
enzyklopädisch geordnet zu haben. Man kann die
Kataloge verbotener Wörter getrost spiegelverkehrt als
Wunschliste lesen. Wenn jemand Auschwitz nicht
leugnen durfte, sah er sich als Opfer der «PC» und
ihrer «Denkverböte». Außerdem drischt Röhl selbst
Phrasen wie «Ostküste» und «Auschwitzkeule»,
komplettiert also die von ihm festgestellten
Denkverbote durch aus seiner Sicht richtiges
Vokabular.[47]

Offensichtlicherweise wendete der Begriff sich
gegen etwas das hier nicht stattfand und wurde
indes benutzt um rechtsradikales Gedankengut zu
rechtfertigen. Als jedoch Jüngere in den politischen
Diskurs eingestiegen sind, in dem ein imaginärer
Feind das Objekt des Hasses rechter Akteure war,
griffen diese zu Teilen die imaginiere politische
Korrektheit auf. So entstand retroaktiv der

---

[47] Friedrich Paul Heller: »Sprache des Hasses«, S. 11f

Widerspruch zwischen dem offenen zelebrieren von Diskriminierung unter dem Deckmantel der Ironie von Konservativen und Rechtsradikalen und auf der anderen Seite der liberale Moralismus, der seine Standards nur auf eine weiße Mittelschicht anwendete. Politische Korrektheit ist in Folge der 90er retroaktiv ein reales Phänomen geworden. Was verlangt wird ist jedoch kein kultureller Marxismus, wie von Rechts gerne herphantasiert, sondern meistens ein grundlegendes Taktgefühl: Man muss seine Meinungen nicht einmal verändern – so zu tun als würde man nicht den Tod aller Benachteiligten wollen würde schon ausreichen. Hier ist nichts radikal. Es ermöglicht sogar viel mehr neoliberale und rechtsradikale politische Strategien die sich darunter tarnen können, beispielsweise zu sehen, wenn Rechte, wenn es ihrem Rassismus dienen kann, plötzlich den ansonsten verhassten Feminismus für sich entdecken.[48] Da will man nur sagen, warum einem diese Greta Thunberg nicht gefällt und warum man es unfair findet das andere Menschen neue Geschlechter bekommen während man sich Jahre lang Mühe gegeben hat das eigene Leben auf eine Identifikation mit dem gegebenen Geschlecht auszurichten und schwupps ist man ausversehen mit Antisemiten im selben Boot.

Die Grenzen der politischen Korrektheit werden klar, wenn man ihre Ambitionen aufweist. Politische Korrektheit ist ein Begriff, der verwendet wird, um hauptsächlich alltägliche Sprache zu beschreiben, die eine Beleidigung oder Benachteiligung von Mitgliedern bestimmter gesellschaftlicher Gruppen vermeiden sollen. Wie es um die eigenen Werte steht, wenn man diese Ambitionen radikal ablehnt, sollte allen klar sein. Es stellt sich weder gegen freie Meinungsäußerung,

---

[48] Vgl. Autor*Innenkollektiv Fe.In: »Frauen*Rechte und Frauen*Hass. Antifeminismus und die Ethnisierung von Gewalt«

noch ist es Zensur. Es geht nur um die Form des Vortrags, nicht um den Inhalt. Man kann immer noch problemlos rassistisch sein, ohne dass man auf die plumpeste und direkteste Art und Weise rassistisch ist. Genau hier liegt auch das Problem. Es ist ein guter Anfang für ein Gespräch unabhängig des Themas, wenn man nicht befürchten muss offen und direkt von dem Gegenüber diskriminiert zu werden. Aber es verändert nichts an den Ansichten der Personen. Wie bereits zuvor besprochen, gibt es Menschen die unbedingt meinen alles diskutieren zu müssen, die ›für dein Recht zu sagen was du willst‹ sterben wollen würden. Aber die Frage ist, ob alles es wert ist diskutiert zu werden und ob es nicht ein Mindestmaß an Werten benötigt, auf die man sich einigen muss, damit man überhaupt ein Gespräch führen, geschweige denn in einer für alle Beteiligten guten Gesellschaft leben kann. Ein gewisser Dogmatismus ist wichtig. Ob es darum geht, dass wir uns darauf einigen müssen, dass, wenn wir miteinander sprechen unsere Sätze im entferntesten Sinne intelligibel sein müssen, oder, dass man nicht darüber diskutieren muss, ob es nicht vielleicht doch gut wäre könnte man den Holocaust leugnen. Denn, wenn man sich auf die Seite der Möglichkeit setzt, setzt man sich auch auf die Seite der Realisierung dieser.

Wenn sich das Begehren von dem leiten lässt, was die Embryonen der Zukunft ihm anzeigen, so vollendet sich der Prozess des Keimens in der Schöpfung von Worten, Bildern und Gesten, die den Embryos erlauben, aus ihrem Nest zu fliehen und in die Welt zu fliegen. Aus diesem Prozess geht eine Differenz hervor: Ein Werden unserer selbst und unseres relationalen Feldes, das in der Lage ist, sich auf das gesamte gesellschaftliche Gewebe auszubreiten. Darin liegt die ethische BEstimmung jenes Triebes, durch den sich das Leben als Kraft der Verwandlung behauptet.

Man könnte also sagen, dass das Unbewusste nichts anderes als eine Fabrik der Welten ist.[49]

Identität und Klasse

Für Marx ließ sich der Klassenkampf nicht von Identitätspolitik trennen, da sich die Arbeiter_innen-Klasse auch als Proletariat, als

---

[49] Suely Rolnik: »Zombie Anthropophagie. Zur neoliberalen Subjektivität«, S. 84

Klasse für sich, identifizieren musste.[50] Der Gewerkschaftsaktivist und marxistische Soziologe Stanley Aronowitz betont mit Marx, dass die Gewinnung der kollektiven Identität immer eine strukturierte Totalität, also einen bestimmten Blick auf das Ganze, der von der kollektiven Identität

[50] Es sei an dieser Stelle an Zweierlei erinnert. Zum einen war für Marx das Proletariat »buntscheckig-heterogen«, was soviel bedeutet, dass es sich beim Proletariat um eine univoke Multiplizität handelt. Zum anderen finden wir auch in der Deutschen Ideologie folgendes: »Diese Weise der Produktion ist nicht bloß nach der Seite hin zu betrachten, dass sie die Reproduktion der physischen Existenz der Individuen ist. Sie ist vielmehr schon eine bestimmte Art der Tätigkeit dieser Individuen, eine bestimmte Art, ihr Leben zu äußern, eine bestimmte Lebensweise derselben. Wie die Individuen ihr Leben äußern, so sind sie. Was sie sind, fällt also zusammen mit ihrer Produktion, sowohl damit, was sie produzieren, als auch damit, wie sie produzieren.« (Marx & Engels, »Deutsche Ideologie«, zitiert nach Alex Demirović, »7.5. Kein Wesenskern - nirgendwo. Klassen und Identitäten«, aus: Mario Candeias (Hg.), »Klassentheorie. Vom Making und Remaking«, Argument Verlag, S. 503) Damit sollte der Zusammenhang von Identitätspolitik und Klassenkampf bei Marx für alle Zweifelnden ausreichend belegt sein.

160

geteilt wird, mit sich bringt, welcher notwendig ist, um sich als Klasse für sich zu verstehen.[51]

Damit einher geht die Fähigkeit der Selbstorganisation.[52] Politische Selbstorganisation setzt eine geteilte kulturelle Gemeinschaft voraus und diese setzt eine intersubjektiven Vermittlungsinstanz in der symbolischen Ordnung voraus. Die Aufgabe der Vermittlung geschieht über die Identität. Weltsicht und Lebenswelt kommen in der kollektiven Identität zusammen und dieser praktische Aspekt der Identität wird häufig in ökonomistischen, anti-kulturellen Analysen, wie man am Beispiel Sahra Wagenknecht oder der Textsammlung *Beißreflex* erkennen kann, vergessen, was zum Regress der eigenen Position ins Reaktionäre führt.

---

[51] Vgl. Stanley Aronowitz: »The Decline and Rise of Working-Class Identity«. In: Ders.: *The Politics of Identity. Class, Culture, Social Movements*. New York/London: Routledge 1992, S. 10-75, hier S. 22

[52] Ebd., S. 22

Im Streit um die Abstinenz machte sich beispielsweise in Deutschland sogar Kautsky bemerkbar, der sich für das Wirtshaus als Ort des Proletariats aussprach. Es war ein Ort wo man zusammenkam und sich als Klasse für sich identifizieren konnte. Die Trennung zwischen einem *wir* und *die* ließ sich hier leicht errichten. Jedoch hatte diese Trennung das Problem, dass direkt ein großer Teil des eigentlichen Proletariats aus der Klasse für sich ausgeschlossen wurde, da es sich bei diesem Ort um einen handelte, der von (meist weißen cis hetero) Arbeitern dominiert wurde. Hier sieht man den Nutzen einer intersektionalen Kritik für die Klassenpolitik: Man muss Räume schaffen, in denen die Klasse für sich entstehen und sich organisieren und reproduzieren kann. Aber diese Räume sollten so geschaffen werden, dass Überschneidungen zwischen allen Teilen des Proletariats ermöglicht werden. Ansonsten sorgt die Schwächung an den Wurzeln der Bewegung baldig für ein Versagen das man hätte verhindern können. So setzen sich Diskriminierungsformen in der Klasse für sich fest die es nicht bräuchte und es werden Nebenwidersprüche verstärkt, die zu Spaltungen innerhalb des Proletariats führen, die man nicht hätte erzeugen müssen. Das beharren auf diesen Räumen, die sich nur auf den weißen, heterosexuellen, cis Arbeiter ausrichten ist ein Tritt in die Niere des Proletariats.

Eine Position die in der Vergangenheit zwar beliebter war, aber heute noch existiert, ist die, dass der Staat bzw. die Partei die Rolle der Vermittlungsinstanz übernehmen kann. Die Differenz zwischen dem realen Begehren der Massen und der Instanz welche dazu da sein soll jenes Begehren zu repräsentieren ist jedoch problematisch.
Wo die Soziologie aus den Personen Dinge macht

und somit vollkommen das Begehren vergisst, nimmt der (Neo-)Marxismus das revolutionäre Begehren auf, schiebt jedoch die Partei als Instanz der Mediation und Repräsentation dazwischen. Dadurch werden die Begehren der Individuen zu einer Masse gemacht, die rein auf Klassen- und Parteiinteressen reduziert werden. Jene (Neo-)Marxist_innen versuchen alle Dualismen die auftreten (Stadt gegen das Ländliche, Intellektuelle gegen das ›gemeine Volk‹, Schauplätze von Krieg und Frieden usw.) durch eine Pseudodialektik aufzuheben, indem sie eine dritte Instanz – den Staat bzw. die Partei – als Ort der Synthese bestimmen. Die fundamentale Schwäche dieses Ansatzes (und der Grund warum es sich nur um eine Pseudodialektik handeln kann), lautet, dass sich nicht jeder Kampf von Gruppen und Individuen in diese Instanz aufheben lässt. Der Neo-Marxismus setzt den Staat ähnlich dem phallischen Objekt in der ödipalen Triade. Dies würde jedoch dazu führen, dass die Mikropolitik des Begehrens einzelne Gruppen in eine univoke Multiplizität als Opposition zu dieser Vermittlungsinstanz setzen würde, die sich von der totalisierenden Funktion der Partei emanzipieren möchten. Dagegen kommt die phallische Struktur der zentralisierten Partei nicht an, da es weder Standardisierung noch Hierarchien in dieser univoken Mulitplizität von Begehren gibt, die sie in sich aufnehmen, standardisieren und hierarchisieren könnte; es geht um Familienstrukturen, Diskriminierungserfahrungen, Probleme auf der professionellen und/oder akademischen Ebene, im Sexuellen usw.

Das Kind wird daheim, in der Schule, am Ausbildungsplatz, in der Universität, auf der Arbeit und in der Partei immer den Normen der Institutionen ausgesetzt, aber diese können das Begehren nicht bändigen, weil das Begehren eine Funktion ist, die sich selbst gerne immer wieder spontan vom Subjekt entfernt, sich vom vorgegebenen Pfad abwendet.

Ein kollektives Arrangement des Ausdrucks würde jedoch anders funktionieren. Die Arbeit am semantischen Fluss ist das selbe wie die Arbeit an materiellen oder sozialen Flüssen; es gibt nicht länger die Trennung zwischen Realität, Repräsentation und Subjektivität, da das kollektive Arrangement des Ausdrucks zugleich Subjekt, Objekt und Ausdruck erfasst; dies bedeutet auch, dass der semiotische, materielle und soziale Fluss ineinander übergehen. Ein Individuum alleine kann dieses Arrangement jedoch nicht erzeugen, da es immer von der Struktur der Bedeutung dominiert wird, die es interpelliert. Nur eine Subjektgruppe kann semiotische Flüsse manipulieren, Bedeutungen zerschlagen, die Sprache für andere Formen des Begehrens öffnen und andere Realitäten erschaffen.

Eines der Probleme mit der Identität ist ihre Essenzialisierung der Dichotomie zwischen ›uns‹ und ›den Anderen‹, die schnell ohne Absicht in Trennungen resultieren und diese verdinglichen kann. Hier stimme ich der postoperaischen Theorie zu, die neben der Bildung einer kollektiven Identität als Proletariat gleichzeitig auch betont man müsse im Auge behalten, dass es nicht zu Essenzialisierungen kommt, da es das ultimative Ziel des Proletariats ist eine klassenlose Gesellschaft zu errichten, was eine Auflösung der Identität als Proletariat impliziert. Man muss zugleich eine gemeinsame Identität schaffen, wie auch auf ihre Vergänglichkeit beharren und das ist alles andere als ein einfacher Balanceakt.

Das ich im Bezug auf die Klasse für sich von weißen cis hetero Arbeitern gesprochen habe wird manchen eventuell ein Augenrollen entlocken. Aus diesem Grund lohnt es sich wohl an dieser Stelle einmal etwas genauer auf den Sinn und Unsinn dieser Verwendung in einem kritischen Text einzugehen.

Nehmen wir etwas das häufig an dem kritisiert wird, was von den meisten Identitätspolitik genannt wird: Der Umgang mit dem ›alten weißen Mann‹. Was ist falsch daran, Menschen als alte weiße Männer zu kritisieren? Es ist nunmal ein Fakt, dass alte weiße Männer den längsten Teil der Geschichte die meiste Macht hatten und diese nur durch Tyrannei und Massenvernichtung festigen konnten; ob der Genozid gegen die Bevölkerung Amerikas durch die Europäer, die Hexenverfolgung, der Holocaust oder viele andere historische Ereignisse der Grausamkeit: die alten weißen Männer waren die Täter, wenn sie diese grauenhaften Taten nicht grade selbst von einer etwas gemütlicheren Position aus befehligten. Das Problem ist, dass das Konzept des ›alten weißen Mannes‹ die Schuld der Identität und nicht den

Ideologien gibt, die die Personen dazu treibt entsprechend zu handeln; materielle Bedingungen werden nur noch sanft gestrichen und Ideologie wird heruntergebrochen auf eine reine Identitäts-Differenz – so einfach ist das jedoch nicht.[53] Und es ist nicht nur nicht so einfach, sondern ist die Kritik kontraproduktiv, da die Angesprochenen nicht unbedingt mächtig sind. Selbstverständlich leiden sie im Schnitt nicht im selben Maße wie Personen die in der selben Situation aber mit anderen Identitätsmerkmalen stecken würden, aber nichtsdestotrotz sind die meisten alten weißen Männer nicht die Mächtigen, die die Welt regieren, sondern stehen sie vor der Altersarmut, haben gesundheitliche Probleme und

---

[53] Wenn ich hier von Ideologie spreche, sprech ich selbstverständlich auch von dem damit zusammenhängenden Begehren und wenn ich über Identität und Ideologie spreche will ich hier keine klare Trennung machen – der Ausdruck einer Identität wird selbstverständlich durch die prädominante Ideologie gefärbt.

werden von der Gesellschaft Schritt für Schritt immer weiter vergessen. Das bedeutet nicht, dass man alten weißen Männern alles durchgehen lassen sollte – Alter sollte nie vor angebrachter Kritik schützen – aber die Kritik sollte sich in einer symbolisch-materiellen Matrix bewegen und nicht alleine auf der Ebene der Identität. Nicht nur verfehlt man sonst das Objekt der Kritik sondern man verletzt die Gefühle der Personen auf eine Art und Weise, die dafür sorgt, dass identitäre Antagonismen hochkochen. Um das verständlich zu machen möchte ich auf Abbey Volcano zurückgreifen, die in *Anarchismus Queeren. Über Macht und Begehren in queeren und herrschaftskritischen Kontexten* schrieb:

Wir lehnen *jede* Form der erzwungenen Herrschaft ab. Aber stell dir vor, Kapitalismus, Staat, *weiße* Vorherrschaft, Patriarchat usw. würden ›entfernt‹ (wenn das nur so einfach wäre)? Was würde übrig bleiben? Bedauerlicherweise nicht viel, könnte man meinen. Anarchist*innen werden also kreativ sein müssen. Wir würden versuchen, neue Wege zu finden, wie wir miteinander und mit unserer nicht-menschlichen Umwelt umgehen, wie wir uns lieben, kennen, miteinander spielen usw. wollen.[54]

Was wichtig ist, ist, dass wir nicht in alte Muster zurückfallen. Dieses Problem erlebt man in einigen marginalisierten Communities; hier wird schnell mal die Umkehrung der Hierarchien als radikale Subversion verkauft. Diese Umkehrung bleibt jedoch an der Partikularität der Identität kleben und kann deshalb auch nicht emanzipatorisch sein. Emanzipatorisch ist die Ausarbeitung alternativer Lebensmodelle, das Experimentieren, das Erschaffen von Neuem und eine Kreativität die

---

[54] Abbey Volcano; Begrenzungspolizei, in: Anarchismus Queeren. Über Macht und Begehren in queeren und herrschaftskritischen Kontexten; S. 49

dem Gegebenen widerstrebt.[55]

Anstatt zwischen Mann und Frau oder zwischen cis und trans zu unterscheiden könnte man auch zwischen *phallisch* und *nicht-phallisch* unterscheiden. Die phallische Person kann den eigenen Mangel hinter der Illusion der Ganzheit und Omnipotenz verstecken und aufgrund ihrer Position kann sie jeden Angriff auf diese Illusion auf andere ableiten. Die phallische Person führt Kriege und baut an seinem Reich. Man würde diese feige Brutalität die mit dem eigenen Mangel nicht umgehen kann heute ›toxische Maskulinität‹ nennen, was für den größten Teil der Geschichte stimmen mag, aber heute vielleicht nicht mehr aktuell ist, da es auch ein paar Frauen und gender nonconforming Personen gibt, die als phallische Person gelten und der Welt mit Freude schaden.

---

[55] Bezüglich romantischer Beziehungen stellt beispielsweise Carolin Wiedemann in ihrem Buch *Zart und frei: Vom Sturz des Patriarchats* ein paar sich entwickelnde Alternativen vor

Währenddessen hat die nicht-phallische Person einen Hang zu Angst und Depression. Der ist ihr nicht inhärent – immerhin lebt sie in einer Gesellschaft die für den Phallus geschaffen wurde. Sie muss sich mit ihrem Mangel direkt konfrontieren und muss Wege finden dagegen anzukämpfen, wenn der Mangel überhand gewinnt – ob die Lösung für das Problem Sucht, Shopping oder sonst etwas ist. Diese nicht-phallische Person, historisch gesehen die ›weiblichen Männer‹, die Frauen und alle die von der strikten Binarität abweichen, sind jene die in ihrer Konfrontation mit dem Mangel der der menschlichen Existenz zugrunde liegt eine Art Vermächtnis gchaffen - hier kommt Kunst und Kultur her. Was wäre ein Shakespear, würde er nicht im Mangel aufgehen? Während die ersten in der Geschichte als Helden dargestellt und letztere zum größten Teil vergessen oder nur in kleinen Kreisen erinnert werden, müsste man diese Verteilung eigentlich umkehren:

173

Mit was für einer Gesellschaft man es zu tun hat, sollte man spätestens dann wissen, wenn die übelsten Tyrannen mehr Beachtung erhalten und mehr geschätzt, gefeiert und verteidigt werden, als die Dichter_innen, Denker_innen und die Erfinder_innen, denen wir alles verdanken was wir schätzen.

Die Erscheinung einer Ausdrucksweise der Maskulinität die sich ›Femboy‹ nennt mag ein Hinweis auf einen Wandel hin zu einer nicht-phallischen Maskulinität sein. Das Menschen sich spielerisch als solche identifizieren können zeigt jedenfalls, dass sich im Bild der Maskulinität etwas verändert.[56]

---

[56] Es wäre sicherlich interessant die Veränderung gelebter Identitäten mit Hinsicht auf das Internet im Kontext semiotisch-materieller Veränderungen im Bezug auf Identitätsmodelle und Lebensrealitäten zu untersuchen. Legacy Russell betonte bereits in *Glitch Feminism* den Zusammenhang zwischen der Möglichkeit die das Netz für das Experimentieren bietet.

Ich denke es ist nach alledem gerechtfertigt mit den Worten Paul B. Preciados die an das École de la Cause Freudienne gerichtet waren in die Konklusion überzuleiten:

> Faced with the epistemological transformation already underway, you will have to decide, ladies and gentlemen, psychoanalysts of France, what you are going to do, where you intend to place yourselves, in which "cage" you would like to be imprisoned, and how you plan to play your discursive and clinical cards in a process as important as this.
>
> I would ask for a few more minutes of your attention, that is if you can listen to a non-binary body and afford it the potential for reason and for truth.[57]

---

[57] Paul B. Preciado: »Can the Monster Speak? Report to an Academy of Psychoanalysts«, S. 53

Baum fällt!

Im Laufe dieses Buches wurde einiges über die einzelnen Wurzeln gesprochen, die den Baum des Stammeskampfes als Bild der Politik erhalten, warum es sich dabei um ein Problem handelt und was die Lösung ist. Da die Lösungsstrategien und Vorschläge sehr verteilt sind möchte ich sie hier möglichst kurz in ein paar Punkten zusammenfassen, damit man diese Liste zum Anlass nehmen kann sie kritisch zu hinterfragen, in die eigene Praxis zu implementieren, sie als Belag auf eine Stulle zu legen, sie zusammen zu rolle und... oder was auch immer man mit einer solchen Liste letzten Endes anstellen möchte.

01. Identität ist etwas unumgängliches, Identitätspolitik nicht.

02. Um Identitätspolitik zu überwinden müssen jene unterdrückten Identitäten betont werden.

03. Es braucht ein Bewusstsein von den Unterdrückungsmechanismen, um jene Identitäten betonen zu können.

04. Multiplizität, Differenz und Negativität sind zentrale Elemente einer universalistischen Politik und diese benötigt eine entsprechende Ontologie.

05. Wiederum braucht es ein Begehren nach Emanzipation, welches im Zusammenhang mit jenem Bewusstsein evoziert werden muss.

06. Begehren wird tagtäglich im Kontext von Identitäten evoziert. Es benötigt eine gemeinsame Semiotik, aus der eine univoke Multiplizität erzeugt werden kann.

07. De-Essenzialisiert man sein Verhältnis zur Identität nicht, unterwirft sich das Subjekt der Identität und wird identitär, was Raum für ein faschistisches Begehren schafft.

08. Die De-Essenzialisierung kann durch eine Bartleby-Politik errungen werden.

09. Klasse selbst ist eine Identität die in eine Identitätspolitik eingebunden werden kann. Dies ist zu verhindern, da ein solcher Klassenkampf nur für weiße cishetero Arbeiter und nicht für das Proletariat gekämpft wird.

10. Es gilt im Klassenkampf besonders in diesen Zeiten uns an Marxens Beschreibung des Proletariats als buntscheckig-heterogen zu erinnern und den Klassenkampf entsprechend solidarisch zu gestalten.

Appendix: Was Sie immer schon über Identitätspolitik wissen wollten und Stirner nie zu fragen wagten

Die erste Hälfte des Hauptwerkes Stirners *Der Einzige und sein Eigentum* handelt davon, wie in den verschiedenen Feldern der Psychologie, Soziologie, Geschichte und Philosophie eine Idee oder eine Beziehung ein *Ding* werden kann, welches realer als die Person die es in die Welt dachte wird und wie sich die Beziehungen zwischen Individuen und Ideen verselbstständigt. Sobald eines dieser beiden ein *Ding* geworden ist, unterwirft es das Individuum und ersetzt dessen Eigenheit durch eine starre Allgemeinheit — diese starre Allgemeinheit bindet das Individuum an das soziale Ganze (wir würden heute vermutlich eher von der symbolischen Ordnung sprechen). Angetrieben durch den Gedanken, dass die Idee ihren Ursprung (und dadurch den Tod) überschreiten kann, nimmt die denkende Person gerne die Position der Unterwerfung an und fügt sich den neuen Prinzipien.

Verständlich wird das ganze, versteht man Stirners Gedanken als eine dialektische Bewegung, die an ein invertiertes Verständnis des proudhonschen Eigentums gebunden ist: Die Unterwerfung ist das Produkt der Beziehung zwischen Besitzendem und Besitz (Eigentum), in welchem der Besitz zu etwas Fremden wird (vom *Eigentum* zum *Fremdentum*).

Die denkende Person ist nur eine Form des Besitzenden und Allgemeinheit, heiliger Bund und herrschendes Prinzip sind nichts weiter als Manifestationen der selben Logik der Entfremdung, in der sich die Idee – die einst Eigentum war – in Fremdentum verwandelt, welches das Individuum unterwirft.

Die Formel dafür lautet: [Besitzendes(Eigentum) ->
Eigentum(Besitzendes)] -> Fremdentum[58]

Das bedeutet, so lange das Individuum die
Kontrolle über die Ideen die es kreiert hat besitzt,
handelt es sich um ein intaktes Verhältnis. Sobald
jedoch die Idee überhand gewinnt, entfremdet sie
sich vom Individuum und unterwirft dieses indem
es durch einen Schritt der Verdinglichung
Objektivität erlangt.[59]

---

[58] Diese formelle Rekonstruktion verdanke ich der Arbeit von
Jacob Blumenfeld, dessen Buch *All Things Are Nothing To Me* zu
einem der wenigen guten Bücher über Stirner zählt

[59] Interessanter Weise kennen wir diesen Verlauf heute aus der
Soziologie. Wenn man dort von einem sozialen Konstrukt spricht,
dann spricht man ebenfalls von einem Dreischritt, bestehend aus
Externalisierung, Objektivierung und Internalisierung. Der
Unterschied hierbei ist jedoch, dass dieser Dreischritt verschoben
ist, da ihm der Ursprung des sozialen Konstrukts fehlt und als
dritten Schritt die Folge des zweiten aufführt. Stirner verweist
explizit auf den Ursprung als relevanten Faktor für die folgenden
Schritte und subsumiert den zweiten und dritten Schritt unter dem
der Entfremdung. Entwicklungspsychologisch nimmt Stirner hier
ebenfalls noch eine interessante Position ein, die sich im

Während Besitzendes und Eigentum in den ersten beiden Schritten noch über ihr jeweiliges Verhältnis bestimmt werden, erhält das Eigentum im dritten Schritt als Fremdentum eine separate Essenz, wodurch die Entfremdung modifiziert und das *Ding* als ein eigenständiges *Ding* in der Welt, mit eigener Bedeutung und Macht, behandelt wird.

Eines der berühmtesten Beispiele, welches sich auch in einer Unmenge an Memes wiederfindet, ist der Spuk (Stirners Konzeption der Ideologie). Ein Spuk ist die Verdinglichung des Geistes. In einer frühen Passage von *Der Einzige und sein Eigentum* erklärt

Zusammenhang mit sozialen Konstrukten denken lässt: Für Stirner werden wir als Realist_Innen geboren und durch den Eintritt in die symbolische Ordnung zu Idealist_Innen. Dieser Eintritt kommt der Internalisierung der sozialen Konstrukte in der Soziologie gleich. Jedoch belässt Stirner es nicht dabei. Indem das Individuum Egoist_in wird und die sozialen Konstrukte durch seine Einzigartigkeit durchlöchert, kann es sich von diesen befreien, heißt, Stirner bietet nicht nur ein deskriptives Verständnis für soziale Konstrukte an, sondern auch einen Weg diese zu überwinden.

Stirner was er mit Geist meint. Und passend zum sozialen Ganzen welches als symbolische Ordnung gelesen werden kann, beschreibt Stirner den Geist in einer Art und Weise, die nach dem großen Anderen der Psychoanalyse schreit, weshalb ich sie hier im Ganzen zitieren werde:

Die Haltung hat sich nun durchaus umgekehrt, der Jüngling nimmt ein geistiges Verhalten an, während der Knabe, der sich noch nicht als Geist fühlte, in einem geistlosen Lernen aufwuchs. Jener sucht nicht der Dinge habhaft zu werden, z.B. nicht die Geschichts data in seinen Kopf zu bringen, sondern der Gedanken, die in den Dingen verborgen liegen, also z.B. des Geistes der Geschichte; der Knabe hingegen versteht wohl Zusammenhänge, aber nicht Ideen, ,den Geist; daher reiht er Lernbares an Lernbares, ohne apriorisch und theoretisch zu verfahren, d.h. ohne nach Ideen zu suchen.

Hatte man in der Kindheit den Widerstand der Weltgesetze zu bewältigen, so stößt man nun bei Allem, was man vorhat, auf eine Einrede des Geistes, der Vernunft, des eigenen Gewissens. »Das ist unvernünftig, unchristlich, unpatriotisch« u. dergl., ruft Uns das Gewissen zu, und — schreckt Uns davon ab. — Nicht die Macht der rächenden Eumeniden, nicht der Zorn des Poseidon, nicht den Gott, so fern er auch das Verborgene sieht, nicht die Strafrute des Vaters fürchten Wir, sondern das — Gewissen.[60]

Der Spuk ist der Glaube daran, dass es den großen Anderen gibt und dessen Einfluss auf das Individuum durch den Glauben an dessen substantielle Existenz.[61]

---

[60] Max Stirner: »Der Einzige und sein Eigentum«, S. 8f; Durchgesehener Neusatz, Neuausgabe, Göttingen 2020, LIWI VERLAG

[61] In einem gewissen Sinne ist die Substantialisierung des großen Anderen ein großes Problem des Marxismus, welches daraus resultierte, dass die Linkshegelianer_innen und später die (Neo-)Marxist_innen versuchten alles ›Schlechte‹ (Staat und Christentum) aus Hegel zu entfernen. Das führte jedoch dazu, dass im Marxismus eine Zukunft denkbar wurde, in der die Kontradiktion letzten Endes aufgehoben werden kann, eine eschatologische Politik. Über diese Zukunft lässt sich jede Grausamkeit in der Gegenwart rechtfertigen. Das Problem dabei ist, dass es niemals einen Zustand geben wird, in dem alles aufgehoben ist und das hat Hegel unter anderem durch Gott

Identitätspolitik ist demnach nichts weiter als eine Spukpolitik: Die Partizipierenden werden von Identitätskategorien besessen und verwechseln sich als Einzige mit diesen, identifizieren sich mit diesen und unterwerfen sich diesen letzten Endes, weshalb sie Macht über ihr Leben erlangen und sie kontrollieren. Um hier auf ein etwas anderes Beispiel einzugehen würde ich hier die Self-Help Literatur als literarisches Pandämonium anbringen.

---

gezeigt. Für Hegel war das Christentum die erste Religion, in der Gott selbst als Jesus am Kreuz gestorben und die Repräsentation eines Monstrums geworden ist; Gott ist, wie die Menschheit, in sich selbst gespalten und muss mit den selben Kontradiktionen klar kommen, wie die Menschheit. Dass das Unendliche sich im Endlichen zeigen muss und die fundamentale Spaltung sind zentrale Punkte in Hegels Denken. Marx strich diese heraus und daraus entstand im Marxismus die Idee einer neuen substanziellen Form des Heiligen. Es folgt die Vorstellung einer Zukunft, in der die Kontradiktionen aufgehoben sind und diese Zukunft kann alles rechtfertigen. Jedoch wird hier ein Zustand beschrieben, der bereits ontologisch unmöglich ist.

Self-Help Literatur versucht romantische Beziehungen über geschlechtsstereotypische Schemata zu sichern. Diese sollen unumgänglich, natürlich und inhärent sein. Der Beweis dieser soll von der evolutionären Psychologie stammen. Zentral sind dabei wie wir über Sex, Begehren und romantisches Verhalten nachdenken. Man versucht die Objektivität der kulturell gegebenen, schlimmsten Geschlechterstereotypen zu verkaufen. Wissenschaft für die Denkfaulen. Diese Ideologie entstammt der Idee, dass sich romantisches Verhalten auf Sex und Sex auf das *natürliche* Begehren der Reproduktion der Frau reduzieren lassen sollen. Robert Wright ist ein gutes Beispiel für diese evolutionspsychologische Ideologie. Er schreibt in *The Moral Animal*:

[A] female, in sheerly Darwinian terms, is better off mating with a good rapist, a big, strong, sexually aggressive male; her male offspring will then be more likely to be big, strong, and sexually aggressive ... . So female resistance should be favored by natural selection as a way to avoid having a son who is an inept rapist (assuming it doesn't bring injury to the female).[62]

Daraufhin erwähnt er zwar, dass das nicht unbedingt bedeutet eine individuelle Frau wolle vergewaltigt werden, aber was ein Individuum will und was evolutionär sinnvoll ist sollen wohl nicht das selbe sein. Implizit damit wird der Wille der Frau unter den der Evolution gestellt. Gott bewahre das man keinen unfähigen Vergewaltiger als Sohn haben will. Fortpflanzungserfolg und Vergewaltigung gleichzusetzen ist eine gewöhnliche Vorgehensweise in der Evolutionspsychologie. David Buss sowie Jonathan und Tiffani Gottschall sind auch nur weitere Beispiele für diesen weit verbreiteten Trend. Das man von Männerrechtsgruppen kein Aufschrei hört, wenn die Evolutionspsychologie unterstellt sie alle seien

---

[62] Robert Wright: »The Moral Animal: Evolutionary Psychology and Everyday Life«, S. 52

von Natur aus Vergewaltiger und das diese sich ganz im Gegenteil dazu sogar nur allzu gerne positiv auf sie beziehen sollte als Aussage über jene Gruppierungen und deren Ideologien ausreichend aussagen. Wright sprach in seiner Aussage über Orang Utans, implizierte daraufhin jedoch das unser Verhalten dem von denen aus evolutionären Gründen gleichen würde. Buss bemerkte zwar, dass diese Erkenntnis sich nicht auf andere Affenarten wie die Bonobos oder Schimpansen übertragen ließe, aber nichtsdestotrotz soll es immer noch auf den Menschen zutreffen. Der Darwinismus wirbt zwar damit sich gegen religiöse Dogmen zu wehren, in der evolutionären Psychologie scheint er aber auf zufällige Weise alle klischees christlich-konservativer Vorurteile zu bedienen und alles zu tun um diese irgendwie objektiv wirken lassen zu können.

Stirner hätte seinen Spaß mit solchen ›Realist_innen‹ gehabt, die nach der Verweltlichung ihres Geistes streben, die zwar in

188

ihrem Verstande zu leben glauben, dieser aber ein Spukhaus ist, in dem sie nur untermieten. Es wird nicht nur versucht die widerlichsten, menschenfeindlichsten Ideen zu objektivieren, sondern versucht man auch noch für sie zu werben. Aber damit man sich nicht mit der Grausamkeit dieser identifizieren muss wird alles auf die Natur geschoben. Es wird dargestellt, als würde man nur dem Befehl der Natur, seiner natürlichen Pflicht folgen. Wenn man seine Pflicht erfüllt gibt es jedoch niemand, auch keinen Formalismus, der einem die Verantwortung für die Ausführung nehmen kann. Du bist selbst verantwortlich dafür, wenn du tust was der Spuk von dir verlangt. Es gibt weder eine Ausrede für das nicht erfüllen der Pflicht, noch eine Ausrede wenn man seine Pflicht erfüllt. Indem ich eine Pflicht als eine ethische Verpflichtung bestimme, erhebe ich diese, gleich dem ästhetischen Urteil, in den Status eines universel notwendigen Gesetzes; das Subjekt autorisiert sich selbst und ist deshalb für die Pflicht die es erfüllt vollständig verantwortlich; man kann sich nicht damit herausreden wie schwer etwas einem fällt, aber man seine Pflicht nunmal erfüllen müsse, wie es die KZ-Angestellten taten.

Das Subjekt wird dazu aufgerufen sich zu opfern, damit der Anschein des großen Anderen (der perfekte Führer, Gott, das natürliche Geschlecht, die Rasse usw.) bestehen bleiben kann. Meine Antriebe determinieren mich jedoch immer nur insofern ich sie als meine annehme. Deshalb ist man für seine ›Natur‹ verantwortlich. Mit Hegel müsste man sagen: Die Wahrheit des Subjekts zeigt sich in dessen Akt.

Das Problem mit dieser Natur und den anderen Identitätskategorien ist, dass diese sich als transzendente Kategorien präsentieren, welche durch ihre grundlegend scheinende Natur einen intrinsischen Wert zugeschrieben bekommen. Die Menschen die identitätspolitisch engagiert sind schätzen nur den Spuk und das was ihm gut bekommt, nicht aber was sie als *Eigene* begehren. Dem ganzen liegt eine Entfremdung zugrunde. Es gibt zwei Entfremdungen um die wir nicht herumkommen: Die Entfremdung durch die Sprache, die uns von dem realen, unvermittelten Zugang zur Welt trennt und die Entfremdung durch die Differenz des Eigenen und der Objektwelt selbst. Eine Form der Entfremdung der wir entkommen können, weil sie eben keine notwendige Bedingung für die Generation der Subjektivität ist, ist die Entfremdung durch den Spuk. Sobald wir durch eine Kategorie essentialisiert werden, werden wir als primär etwas anderes als uns selbst repräsentiert. Demnach entleert uns die Kategorie jedweden Wertes den wir als Eigene haben. Das Subjekt ist eine prozessuale Entität, die sich in Feldern des Werdens als verkörpertes Selbst ausdrückt und keine rigide Kategorie könnte diesen identitätslosen Flux jemals dämmen. Nur weil soziale Kategorien Spuks sind bedeutet das nicht, dass die damit verbundene Unterdrückung nicht real wären.

Man hört diese Antwort auf soziale Konstrukte regelmäßig: ›Wenn es keine Rassen geben soll, wie kann es dann Rassismus geben?‹. Die Lächerlichkeit dieses Standpunktes sollte eigentlich offensichtlich sein, aber sie wird häufiger als man es sich wünscht nicht gesehen; etwas muss nicht real sein, um im Symbolischen zu wirken. Es gab wirklich Menschen die davon überzeugt waren, dass es Hexen gab und für diese wird deshalb die genozidale Vorgehensweise von Kirche und Adel gerechtfertigt gewesen sein. Repräsentationale Kategorien werden in Hierarchien aufgestellt und mit Werten korreliert. Diese werden als Rechtfertigung der Unterdrückung verwendet. Auf die Unterwerfung durch abstrakte Kategorien folgt die Unterwerfung durch ein konkretes Gewaltregim.

Als wäre es für Incels und MGTOWs nicht schon zu viel gewesen, dass der letzte Ghostbusters Film ein diverses Casting hatte. Mit Stirner werde ich einen Schritt weiter gehen. Der erste Schritt die konkreten Gewaltregime zu stürzen liegt darin die abstrakten Kategorien zu stürzen; man muss sich seiner Selbst bewusst werden, was auch bedeutet seiner Position im Symbolischen bewusst zu werden, und sich selbst als Eigenen zurückgewinnen.

Das Klassenbewusstsein ist eine Form des Bewusstseins von der ich hier spreche. Es gibt jedoch viele Schritte, die gegangen werden müssen, da wir uns wahrlich in der Hölle befinden – zumindest kann man bei der Menge an Spuks die uns verfolgen davon ausgehen. Einer dieser Spuks ist die maskulinisierte Sprache. Der Mann wird mit dem Universellen gleichgesetzt. Das hat zwei Dinge zur Folge: Zum einen werden alle die keine Männer sind nicht erfasst, was, wie man zum Beispiel an der Forschung und Produktion für Medikamente sehen kann, gravierende Folgen hat (da meist nur cis Männer als Testpersonen verwendet werden haben viele Medikamente andere Wirkungen und Nebenwirkungen für alle nicht-cis Männer). Zum anderen entleert es den Begriff des Mannes.

Es ist ein Wunder, dass sich nicht mehr Männer darüber aufregen. Wenn der Mann für Alles steht, dann steht er letzten Endes für gar nichts mehr, da ihm die definitorische Differenz fehlt. Zu sagen der Mann würde alles repräsentieren bedeutet, dass der Mann an sich nichts repräsentiert. Es ist der symbolische Tod des Mannes. Da ist das Unbehagen des Geschlechts auch kein Wunder mehr. Stirner hatte ein großes Problem mit der sprachlichen Begrenztheit. Selbst das Wort ›Ich‹ ist eigentlich noch zu fixiert um seinen Inhalt darzustellen; Ich bin mehr als ›Ich‹. Wenn es um das (ent-)gendern von Wörtern geht, gibt es zwei

Strategien mit denen diese abstrakte Unterwerfung umgangen werden kann: Zum einen gibt es haufenweise geschlechtsneutrale Begriffe und auch Möglichkeiten diese zu erfinden, wenn sie bisher fehlen. Sprache ist ein kreatives Werkzeug. Wer sie versucht zu fixieren und meint in einem ominösen *jetzt* müsse man aufhören sie als sich im Wandel zu begreifen, kann nur ein Feind der Sprache und somit ein Feind des Eigenen sein. Des Weiteren ließe sich häufig die Subjektivierung vermeiden. Die Subjektivierung macht aus einer Tätigkeit die Essenz des Subjekts. Ein Lehrer darf nicht mehr sein als ein Lehrer. Identität ist im Sozialen unsere Versicherung. Sie gibt uns eine gewisse Sicherheit, weil sie uns anleitet. Wenn ich X bin, dann habe ich folgende Rollenerwartungen zu erfüllen. Der männliche Mann kann auch seine Misogynie genießen, da er sich nicht als misogyn erlebt. Es ist die Rolle. Die Identität ist zugleich auch unser symbolischer Tod. Sie zwingt uns so zu sein wie sie.

Indem ich die Identität subjektiviere verschwinde ich und werde durch den großen Anderen, den Spuk, ausgetauscht – ich werde besessen. Der Kampf gegen Dämonen ist immer ein Kampf gegen die eigene Dogmatik. Es gilt sie als solche zu markieren und gegen sie anzugehen, sie als fremdes Element in unserem Inneren zu erkennen. Man kann diesen Dämonen niemals endgültig besiegen. Es gibt keine letzte Wahrheit, auf die man sich rettend werfen kann. Aber der Moment, in dem man realisiert, dass der Dämon unendlich Leben hat, ist der, wo er an Einfluss verliert. *Es braucht eine Dämonologie des Subjekts: Da spricht etwas in mir, das nicht ich bin. Das Subjekt wird von der Sprache gesprochen. Deshalb ist das Unbewusste wie eine Sprache strukturiert.* Diesen plappernden Dämon hörte bereits Sokrates.

Um auf die sprachlichen Strategien bezüglich des Gender-Spuks einzugehen, gibt es zum anderen auch noch ein Symbol das als Leerstelle den

inhaltlichen Überschuss repräsentieren kann. Der
›Lehrer‹ deckt nur die männliche Identität ab, die
›Lehrerin‹ nur die weiblich, aber was ist mit
›Lehrer_in‹? Die Leerstelle zeigt an, dass hier etwas
fehlt, dass alles an dieser Stelle noch eingeschrieben
werden kann. Sie ist die Potentialität, das Virtuelle,
der Punkt an dem das Eigene in der Sprache
repräsentiert werden kann. *›Mut zur Lücke!‹* sollte
der Slogan des Eigenen im 21. Jahrhundert sein.
Von Seiten Konservativer wird das Gendern jedoch
als Angriffspunkt auserkoren. So behauptet die
AfD, dass inklusive Sprache dafür sorgen würde,
dass »Ausländer« Probleme hätten die deutsche
Sprache zu erlernen.[63] Weitere Ideen, wie das eine
inklusive Sprache entfremden würde oder die
deutsche Kultur zerstören würde hört man zu hauf.

---

[63] Vgl. Antrag der AfD-Fraktion vom 12.02.2019. »Rückkehr zur
Vernunft – Abschaf fung der sogenannten ›gendergerechten
Sprache‹«. Drucksache 18/1649, Abgeordnetenhaus Berlin, 18.
Wahlperiode.

Die Strategie dahinter ist eine identitäre Orientierung. Desorientierung und die Auflösung von allem statischen ist gerade im Kapitalismus einer der Grundaffekte und so lässt sich über Identität und Antagonismus leicht Sicherheit und Orientierung produzieren. Es sollte des Weiteren klar sein, dass das Vorschieben von »Ausländern« *concern trolling* ist.

Concern trolling meint eine Strategie, bei der man sich den rhetorischen Mitteln der Gegenseite bedient um so zu tun als würde man sich vom Standpunkt des Gegenübers legitimieren können, um die Grundlage von dessen Legitimation zu unterminieren und zu provozieren. Einer AfD sind »Ausländer« egal, wenn ihre Einstellung nicht gerade aktiv antagonistisch ist. Aber indem man so tut als wären sie einem wichtig wird es schwerer sich in den Augen einer vermeintlich neutralen Zuschauerschaft (frei von kritischer Denkfähigkeit) gegen das Argument zu wehren. Diese Strategie ist weder etwas neues noch etwas besonderes, aber leider ist sie erfolgreich. So können Liberale emanzipatorische Bewegungen aneignen und entkernen und Konservative diesem geschwächten Zeichensystem danach ihr letztes bisschen Blut aussaugen.

Ein perfektes Beispiel ist das Verhältnis von neoliberalem und konservativem Feminismus. Das Bild des neoliberalen Feminismus zeichnet die Frau als erfolgreiche Besitzer_in einer teuren Handtasche, eines Vibrators, eines Jobs, eines Apartments und eines Mannes. Jedoch erschöpfen sich die Ansprüche der feministischen Bewegung lange nicht in diesem Konsumismus und Konformismus. Verschiedene Strategien, wie das Umschreiben der Kulturgeschichte oder die Einnahme von typisch männlichen Positionen durch Frauen, hatten bereits weitreichende Folgen, jedoch konnten sie das Problem noch nicht an den Wurzeln packen. Repräsentation ist schön und gut.

Aber sie wird häufig dafür genutzt das zu unterminieren, was sie ebnen soll. Margaret Thatcher wurde von manchen gewählt um die erste Frau zu sein, die im UK an der Macht ist. Als Dank wurden alle durch neoliberale Reformen bestraft. So können über Repräsentation nicht nur die Bedingungen verschlechtert werden, sondern man kann auch die Schwächen des Systems durch die Repräsentation verschleiern.

Sarah Palin schafft es die heutigen Widersprüche in sich aufzunehmen. Sie ist sowohl Mutter als auch Vollzeit-Politikerin, attraktiv wie auch erfolgreich, passiv und selbstbestimmt. Sie verbindet den Feminismus mit einer kriegstreiberischen Außenpolitik und kann somit sogar rechte Christen vom Feminismus überzeugen. Dies sorgt jedoch dafür, dass der Begriff des Feminismus sinnentleert wird. Wenn wir heute von Feminismus sprechen müssen wir vorsichtig sein. Wir müssen erklären können, inwiefern es in der jeweiligen

Situation sinnvoll ist diesen Begriff zu verwenden.
Der Feminismus hat heute eine imperialistische,
anti-islamistische Seite bekommen. Das
Kopftuchverbot ist ein Beispiel dafür. Es wird
vorausgesetzt, dass das Kopftuch ein Symbol der
väterlichen Unterdrückung ist. Deshalb wird es
verboten. Wird jedoch erwidert, dass jemand es
freiwillig trägt, dann greift das vermeintlich
feministische Argument nicht mehr. Wahlfreiheit
ist auf dem Markt nur für den Kunden erlaubt. Die
Frau ist jedoch die Ware; sie muss in jedem
Moment an das Ausziehen erinnern; sie muss
zeigen was sie anzubieten hat. Wer versucht sich zu
verdecken oder zurückzuziehen bricht mit der
Marktlogik.

Das Kopftuchverbot ist ein rein kapitalistisches Gesetz.
Es verfügt die Enthüllung der Weiblichkeit. Mit anderen

Worten: Es ist obligatorisch, den weiblichen Körper nach Marktparadigmen zirkulieren zu lassen.[64]

Die Fähigkeit umlernen zu können ist für jede Gesellschaft und jedes Individuum unabhängig von Gesellschaftsform und Zeitalter wichtig, da die Welt immer im Wandel ist. Unser Verständnis unserer Selbst und der Welt wird immer besser. Sich dagegen zu stellen und den möglichst einfachen Ausweg zu wählen, indem man versucht durch die gegebene Identität Stabilität zu erzeugen, ist zwar eine Option, aber es ist nur eine Option, wenn sowohl die Anderen wie auch man sich es selbst nicht wert genug ist ein gutes Leben zu führen. Die Repression des Egoismus kann nur gelingen, indem die menschliche Subjektivität zerstört wird. Seine Unterdrückung bedeutet eine Rückkehr in einer anderen Form. Wo der freie

---

[64] Alain Badiou; Behind the Scarfed Law, There is Fear; www.lacan.com/islbad.htm (zuletzt aufgerufen am: 22.06.2021)

Markt nicht dienen kann wird ein Schwarzmarkt eröffnet. Wird die Subjektivität unterdrückt so teilt sie sich in zwei: Eine repräsentative Form und eine maskierte, die hinter dem Schutz der Repräsentation plant wie sie dessen Bedingung zu Fall bringen kann. Auf der anderen Seite steht der Kommunismus von Lenin bis hin zu Mao, der eine altruistische Aufopferung des Proletariats verlangt um ihnen ein Surplus an Arbeit zu entlocken. Zuerst wird das Selbst für die Gemeinschaft unterdrückt, dann wird es in der Gemeinschaft aufgelöst. Die wahre Negation bestünde jedoch in der Gier: Wenn ich sterbe, stirbt die Welt für mich. Ohne Leben kann ich keinen anderen lieben. Sie ist die wahre Grundlage einer kommunistischen Gesellschaft. Krieg, Schuld-Sklaverei und die Erweiterung des Patriarchat können auf den Kampf über den wachsenden Reichtum früher Stämme und Dorfgemeinschaften zurückgeführt werden. Diese Gemeinschaften, die durch die Gier zerstört wurden, können nur im Namen der Gier zurückgewonnen werden, richtet sie sich auf die Gemeinschaft. Denn dieser Kampf ist auf den Reichtum als ein Kampf für ein reiches Leben geführt. Nur die Gier ist als Antrieb stark genug sich selbst zu unterminieren. Es kann nur der Moment sein, in dem der subjektive Moment der Gier sich gegen seine gegenwärtige Objektivierung – dem Kapital, der Privatisierung und Entfremdung – wendet und dieser Moment ist die Rückgewinnung des Eigenen im Sinne Stirners.